知識ゼロからの

# RPA入門

ROBOTIC PROCESS AUTOMATION

RPAテクノロジーズ株式会社
代表取締役社長
日本RPA協会代表理事

大角暢之

- 貴重な労働力を補いうる存在
- RPAが実現する新しい仕事の形
- 導入時が成功と失敗を分ける
- ロボットと協働するということ
- RPA導入における拡大期の課題
- 適用範囲の広い最新のデジタル技術
- システムではなく人事である
- デジタルレイバーってどういう意味?
- コスト削減と効果の最大化
- 得意分野と不得意分野を知っておく

幻冬舎

# はじめに

ＲＰＡとは、Ｒｏｂｏｔｉｃ Ｐｒｏｃｅｓｓ Ａｕｔｏｍａｔｉｏｎの略で、ロボットによる業務自動化を指します。とくにホワイトカラーのバックオフィス業務（間接部門が行う業務処理。Ｐ61参照）を人に代わって作業するソフトウェアロボットのことです。

国内での本格的導入は、２０１６年の到来からはじまりました。数多くの国内先行事例があったこともあり、たった3年間で日本全国、規模の大小を問わず、あらゆる業界や地域に、予想を超えるスピードで普及が進んでいきました。一方で、無意識的に「何でもできるテクノロジー」というイメージが先行し、その期待値をもとにした誤った導入によるトラブルや問題・課題が数多く発生しています。

これまでの経験から、約10年に一度のサイクルで新たなテクノロジーが爆発的にヒットすることがわかっています。30年前のＰＣ、20年前のインターネット、そして10年前のスマホ。どれもこれもが、今では〝文房具〟のようにあたり前に業務に取り入れられています。次の10年はＲＰＡの出番です。

この本では、ＲＰＡの本質である〝デジタルレイバー（仮想知的労働者）〟という新しい経営人事技術にフォーカスし、不毛な労働作業からわれわれ人間を解放するのみならず、四六時中働き続けてくれるロボットとの協働について、お伝えしていきます。ＲＰＡ大衆化のための入門編、それも基礎の基礎です。皆さんの理解を促そうと「誤解を恐れず」執筆したため、多少大げさな表現もあるかと思いますが、ご理解いただけますと幸いです。

大角暢之

# 本書の使い方

本書には、いろいろな人物が登場し、RPAの説明をしてくれます。それぞれの立場からさまざまにRPAとかかわり、テクノロジーの進化に寄与する人たちです。

| 登場人物 | 架空の人物たちがさまざまに登場し、それぞれの立場でRPAについて学んでいきます。ロボットと人が協働する新たなビジネスシーンをつくり上げます。 |
| --- | --- |

**RPA博士**

RPAのことなら何でも知っている、まさにRPA博士。日本全国津々浦々にデジタルレイバー（P5参照）を広めるため、日々奮闘中。

**中小企業の経営者**

RPAをデジタルレイバーとして、職場に“雇用”している。新たな試みの挑戦者。

**育成系 RPA女子**

RPA・BizRobo!くんのお姉さん。産みの親ではなく、仕事を教えて、育てている。

**BizRobo! くん**

**期待されすぎたロボット**

**事務正子さん**

**文系明里ちゃん**

# 7分でわかる！ RPA7つのキーワード

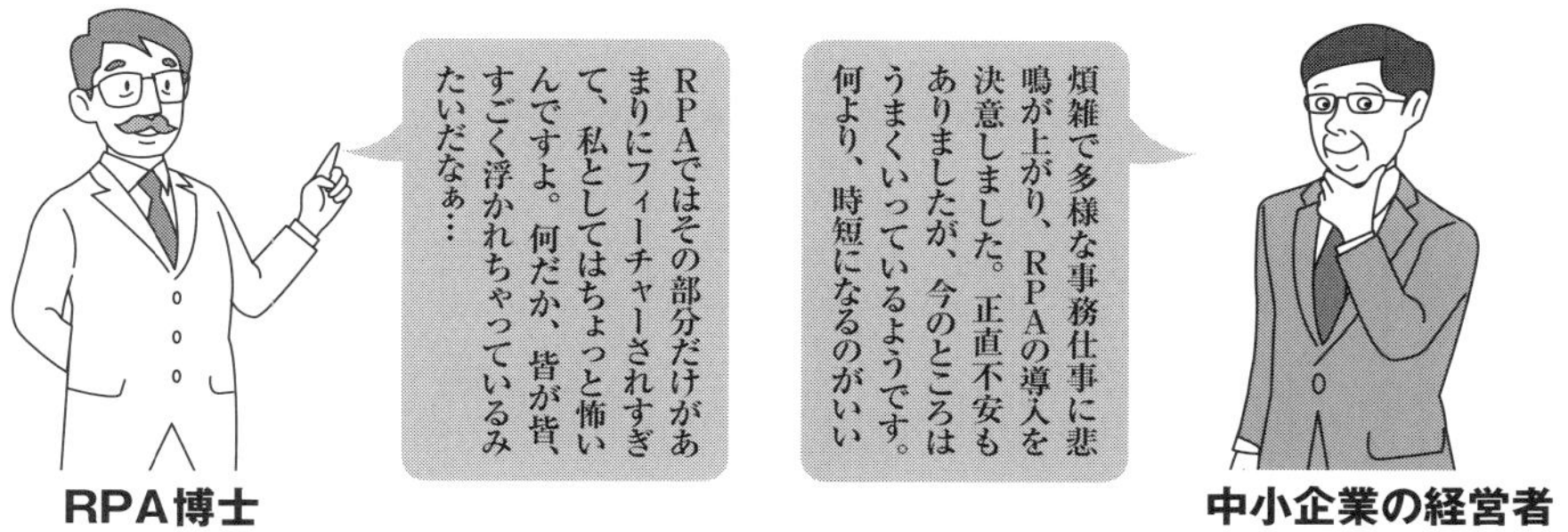
煩雑で多様な事務仕事に悲鳴が上がり、RPAの導入を決意しました。正直不安もありましたが、今のところはうまくいっているようです。何より、時短になるのがいい
RPAではその部分だけがあまりにフィーチャーされすぎて、私としてはちょっと怖いんですよ。何だか、皆が皆、すごく浮かれちゃっているみたいだなぁ…

RPA博士　　中小企業の経営者

**経**：ロボ子ちゃん、最高！　愛しています。嫁にほしいくらい。

**博**：おやおや、どうしたんです？

**経**：博士、ロボ子ちゃんすごいんですよ、よく働いてくれて。

**博**：営業管理に導入したRPAのことですね。名前までつけたんですか？ロボ子ちゃんは仲間なんだし、その発想、いいですね！

**経**：RPAって、システムですけど、一緒に働く仲間でもあるじゃないですか。だったら名前がないと。

**博**：でも、RPAがITトレンドとして一気にバズった※ものだから、導入したはいいものの、準備不足で失敗しているケースも増えてきているみたいですね。一方で、デジタルレイバー※として迎え入れたところは成功しています。

**経**：実際、よく働いてくれますよ。数百人分の仕事をRPAに任せている会社もあるみたいですし。

**博**：「働き方改革」がナンセンスに思えるくらいですよね。チリツモ仕事（P22参照）を夜通しやっていた優秀な人材が、人間らしい、人間にしかできない仕事に着手できるんですから。これまでの「仕事」という概念を変えてしまうほどの力と影響力をもっているんですね！

**経**：けれどRPAには、わからないところもまだまだたくさんあります。

**博**：ではここで、一度きっちりと整理してみましょうか。キーワード1つにつき1分、合計7分でわかるRPAの基本、〝RPA7つのキーワード〟を挙げていきますね。1つ目のキーワードは「RPAはウソ」。

**経**：えっ⁉　ウソ？　どういうことでしょう？

※はP125-127の用語集に収録した単語です

keyword 1

# RPAは“ウソ”
## バズワードに騙されるな !!

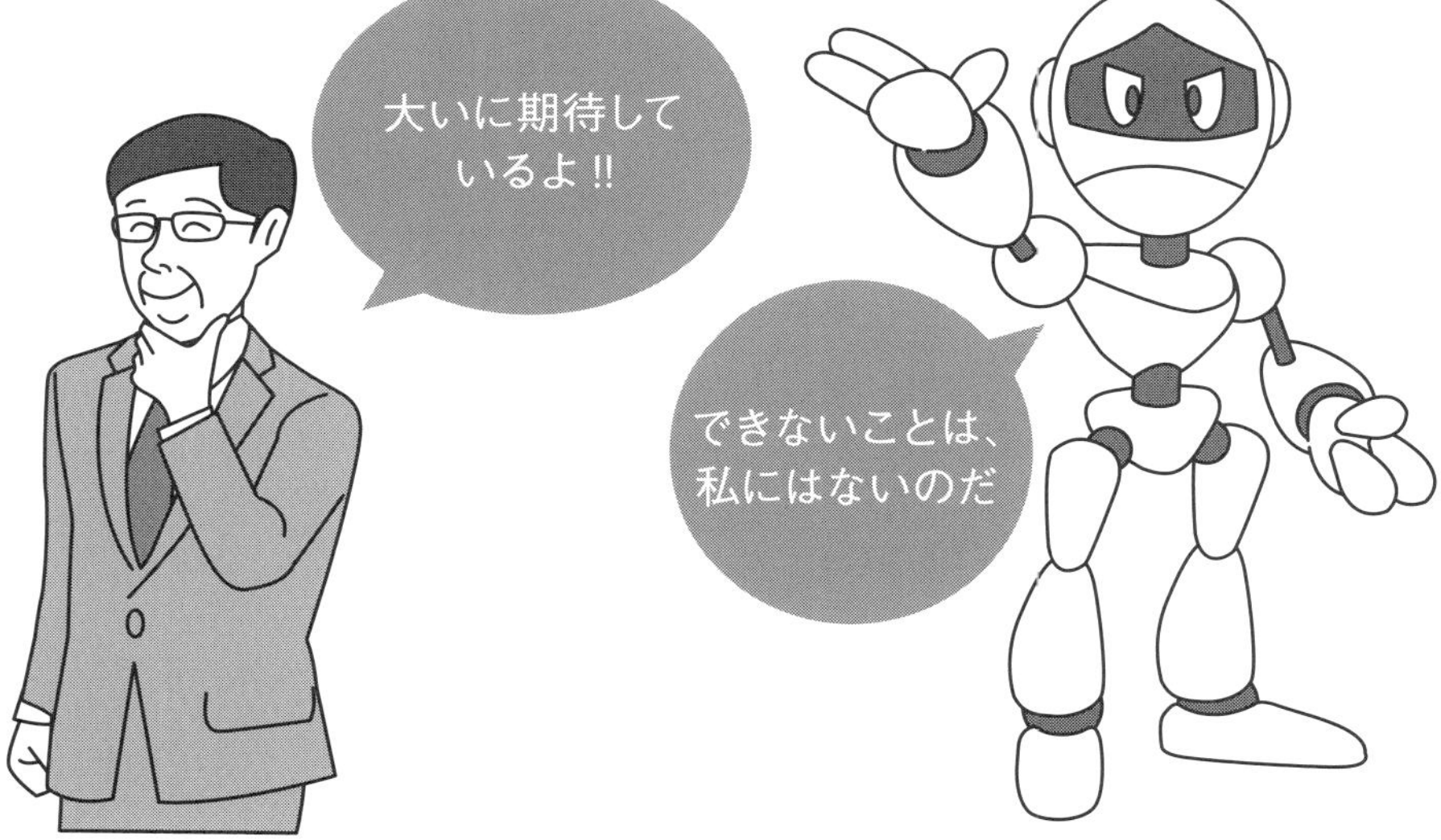


RPAに過剰な期待をかけるのはNGですよ！

まさにバズワードと呼ぶにふさわしい勢いをみせているＲＰＡ。しかし、実際のところをよく知らず、「とにかくものすごく役に立ちそうだ！」という期待感ばかりがひとり歩きしてしまっているような気もします。

過剰な期待感が空回りしたり、的外れな仕事を任せたりした結果、導入に失敗していると判断せざるを得ない企業もあるのです。

ＲＰＡは、働き方を大きく変える可能性にあふれたツールであることは確かですが、「何でもできる」わけではありません。

ＲＰＡを疑え。バズワードは〝ウソ〟だと思え。何とも過激ですが、ＲＰＡの実力を正しく把握するには、そのくらいの冷静さと客観的な視点が必要なのです。

keyword 2

# RPAはデジタルレイバーだ

## ロボットと協働するということ

デジタルレイバーとは、
※ホワイトカラーの作業を代行するロボット

---

「面倒くさいなぁ……」

仕事中、思わずつぶやいてしまったことはありませんか？

請求書の作成、システム入力、Ｗｅｂサイトからのデータ収集。オフィスワークにおいて、手間がかかるうえに生産性に乏しい仕事はたくさんあります。

かつて工場では、ネジ締め、溶接、組立て、封入といった単純作業を産業用ロボットが代行することで、人間はうんざりするような仕事から解放されました。

オフィスにおきかえると、この、単純作業から人間を解放してくれるロボットがＲＰＡ＝デジタルレイバーであり、人間はより創造的で価値のある仕事に集中できるようになります。

keyword 3

# ノンプログラミング

## 活用するためにコードを書く必要はない

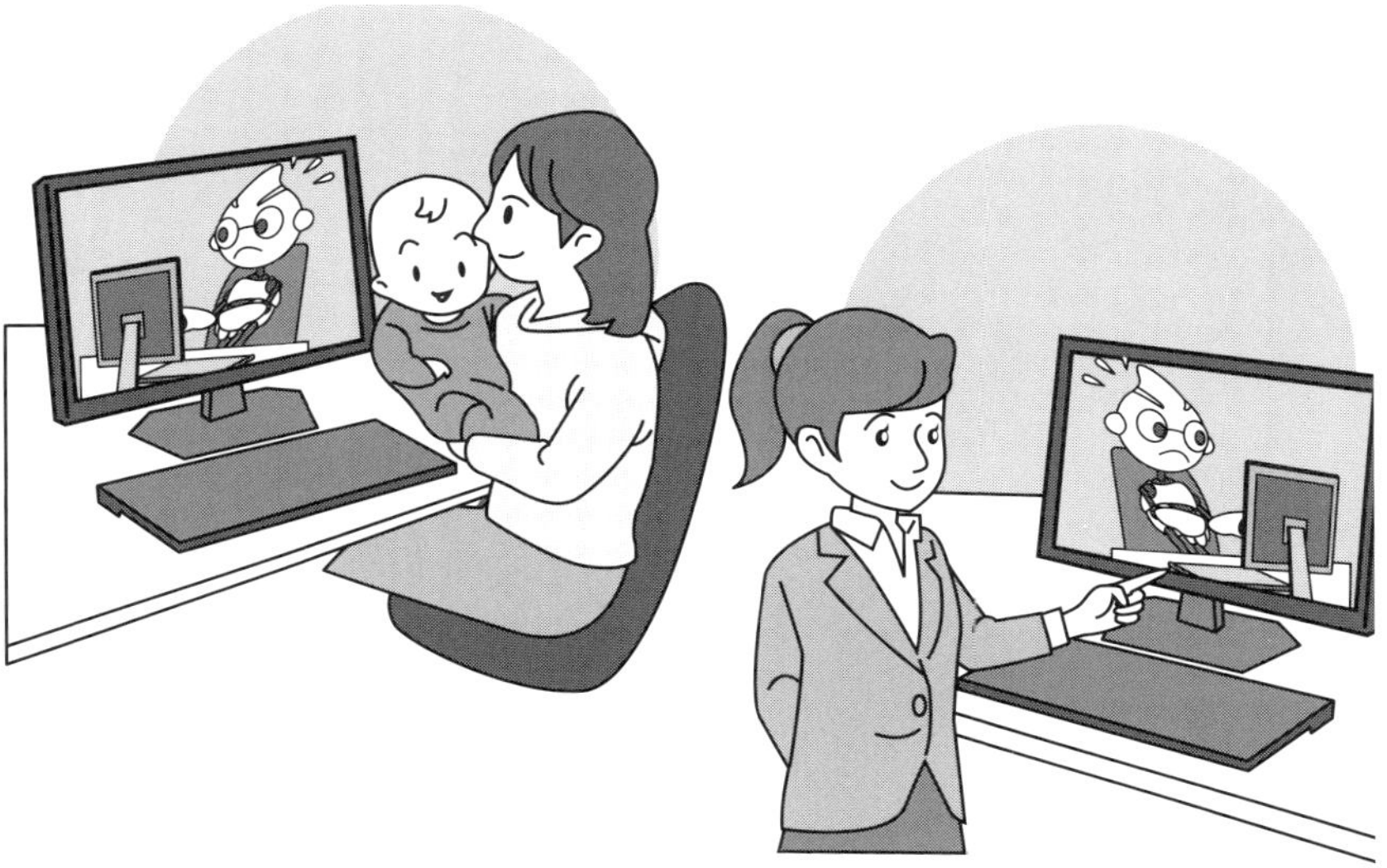

主婦や若者が RPAを活用する主戦力となる！

「RPAって、難しそうだよね」。これもよくいわれることです。けれども、ここには大きなカン違いがあります。

　というのも、RPAを導入し、活用するうえで、基本的には**専門的なIT知識は不要**だからです。

　デジタルレイバーに対して、任せたい仕事を何度か繰り返して見せてあげてください。それだけで彼らは、その仕事を覚えます。ただし、そこにはちょっとしたコツが必要になるので、それは本編で順番に説明していくことにしましょう。

　この、ちょっとしたコツさえ覚えれば、まさしく**ノンプログラミングで、デジタルレイバーに仕事をさせることができる**ようになるのです。

keyword 4

# 効果効能の最大化

## 改善では生ぬるい。まさしく、爆発的

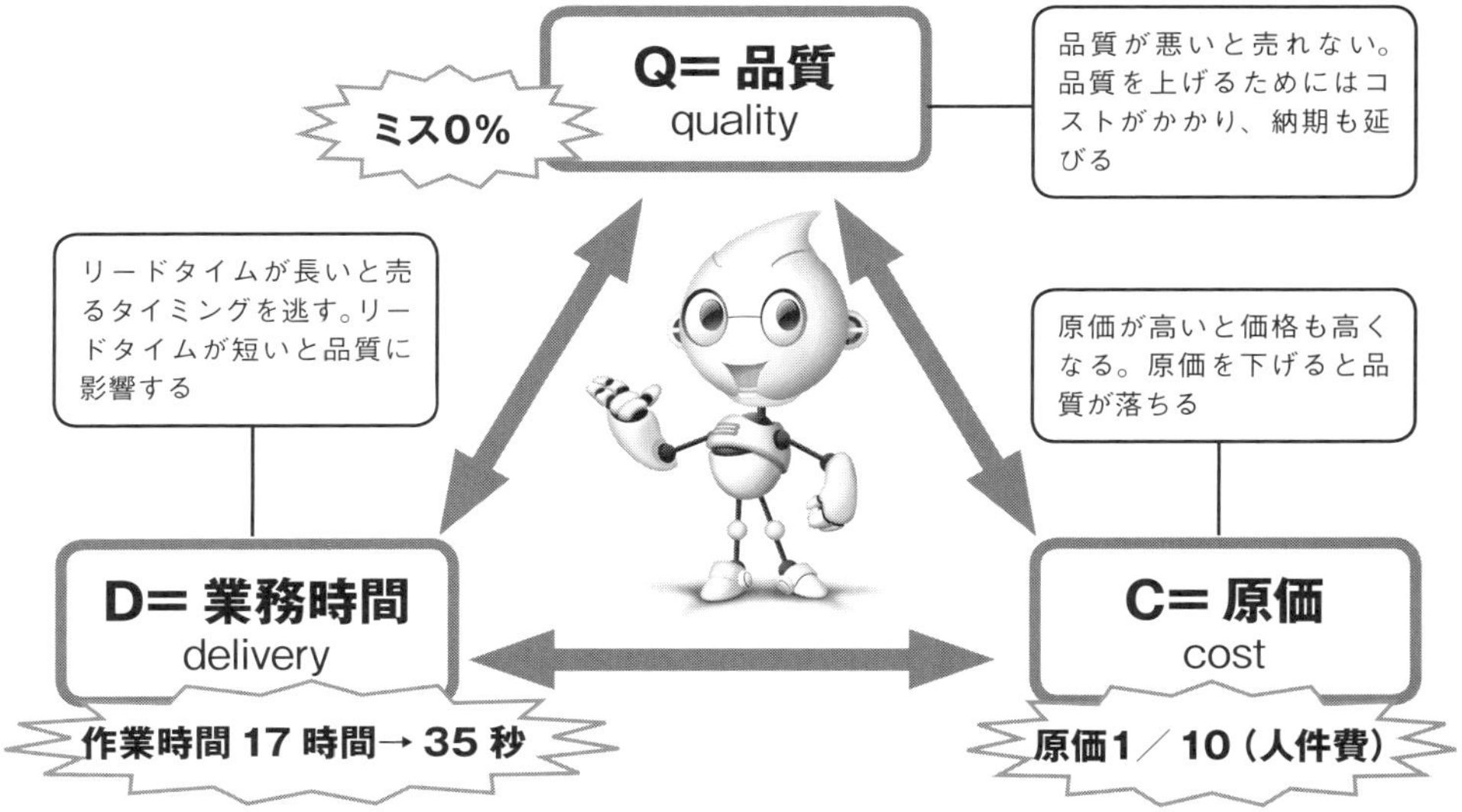


QCDを最大化するために、
生産現場ではロボットが活用されている

生産管理を行ううえで重要なQCD※（品質・原価・業務時間）の面から考えてみましょう。

原価は安いに越したことはありませんが、下げすぎると品質が落ちてしまいます。品質を追求すると、今度はリードタイム※が長くなりがちです。生産管理におけるこの3つの要素は、相反するため仲が悪いわけです。

かつて製造現場では、仲の悪いこのQCDを仲良くさせるためにFA※（産業用ロボット）を生み出し、この3つの要素を飛躍的に向上させました。

RPAはオフィスワーク（ホワイトカラー）において、まさにFAの役割を果たします。QCDを最大化する可能性をもっているのです。

keyword 5

# 圧倒的な労働力

## 休まない、壊れない、辞めない

RPAは雇用問題を全面的に解決します！

企業にとって、もっとも大きなリスクとは何でしょうか。

東京海上日動火災保険が行ったある調査では、約6割の企業が「労働・雇用問題」がもっとも大きな経営リスクであると答えました。

労務管理は永遠の課題。あてにしていたのに辞められてしまうのが、経営者にとってはいちばんの痛手です。

デジタルレイバーなら、人間だと数十時間かかりかねない作業があっという間に完了します。そのうえ、24時間３６５日、ぶっ通しで働けるのです。何より、デジタルレイバーは退職することはありません。

ＲＰＡは、現代社会が抱える労務・雇用問題を解決する可能性を秘めているのです。

keyword 6

# ワーク・ライフ・インテグレーション

## 休みが増えて給料が上がる

▶ワーク・ライフ・インテグレーションとは

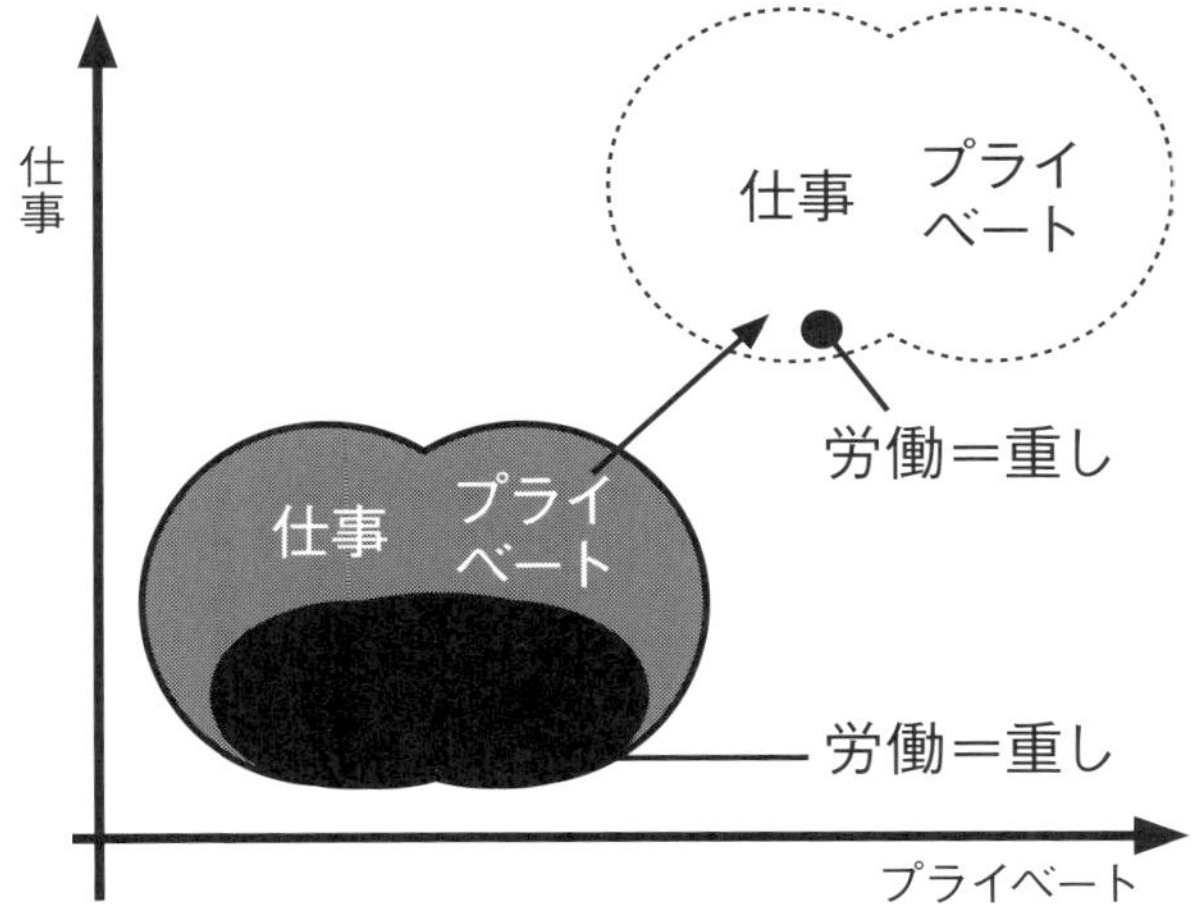


かつての「ワーク・ライフ・バランス」では、仕事とプライベートを分けて考え、バランスを取ろうとするところに無理があった。柔軟に、かつ総合的に、両者の充実を求めること、そして仕事に占める「労働」の割合を少なくしていくこと。それが自己実現へとつながる。

仕事ー労働＝表現

自己実現の時代へ

職場が週休3日になったうえ、給料が今より上がるとします。さらに、煩雑な事務作業から解放され、よりあなたがやりがいを感じるような創造的な仕事に集中できるようになる――「実現性の低いたわごと」だと思いますか？

実はこの「たわごと」、ＲＰＡが近い将来、確実にかなえてくれるはずです。既に事例が出はじめています。

仕事とプライベートを分けて考えず、どちらも高い充実を求める。個人の幸福と、仕事における成長と成功の両方を手に入れることを目指す。この考え方を※「ワーク・ライフ・インテグレーション」といいます。まさに現代人の理想の考え方であり、働き方であるといえます。

keyword 7

# “おもてなし”の精神

## どこまでも日本人的なRPA

個別対応の必要な処理は、日本人がもつ“おもてなし”の心の表れですが、通常の業務システムでは対応できないため、どうしても属人化せざるを得ません。

期限に遅れたんだけど
＊＊さんへの請求書は、書式を変えてください
＊＊からの伝票が来たら私に一報ください
仕方がない！対応してあげましょう
その仕事、ボクたちに任せて！

属人化しがちな個別対応にはうってつけ

「ごめん！　交通費精算忘れていた。何とか今週のぶんにねじ込んでくれない？」

　こんなとき、あなたならどうしますか？　何とかしてあげたいけど、決まりは決まり。本来は無理だけど……それでも何とかしてしまうのが日本人の〝おもてなし〟の精神なのだとか。

　このように、業務上定められたルールや期限からはみ出した個別処理こそ、RPAの出番です。

　大量なうえに正確さが求められる事務仕事が得意。辞めず、壊れず、「24時間戦える」。そして、この〝おもてなし〟の精神。まさしくRPAは、あまりにも低い日本の※労働生産性をトップに引き上げるくらいの衝撃をもった、日本ビジネス界の救世主なのです。

# RPAと日本のビジネスのこれから

７つのキーワードで、RPAのイメージはつかんでいただけたかと思います。第１章からはさらに掘り下げて、日本のビジネスのこれからを見据え、説明していきます。

# 知識ゼロからのRPA入門

## 目次

はじめに…1

本書の使い方…2

**7分でわかる！ RPA7つのキーワード**……3

キーワード1

**RPAは〝ウソ〟**……4

バズワードに騙されるな!!

キーワード2

**RPAはデジタルレイバーだ**……5

ロボットと協働するということ

キーワード3

**ノンプログラミング**……6

活用するためにコードを書く必要はない

キーワード4

**効果効能の最大化**……7

改善では生ぬるい。まさしく、爆発的

キーワード5　**圧倒的な労働力**……8
休まない、壊れない、辞めない

キーワード6　**ワーク・ライフ・インテグレーション**……9
休みが増えて給料が上がる

キーワード7　**〝おもてなし〟の精神**……10
どこまでも日本人的なRPA

マンガ　**RPAと日本のビジネスのこれから**……11

## 第1章　〝ロボット〟を理解しよう……17
### RPAと仲良くなるために

1-1　適用範囲の広い最新のデジタル技術……18
1-2　システムではなく人事である……20
1-3　デジタルレイバーってどういう意味？……22
1-4　なぜ、今RPAが必要なのか……24
1-5　コスト削減と効果の最大化……26
1-6　デジタルレイバーの育て方……28
1-7　得意分野と不得意分野を知っておく……30
1-8　実際にロボットをつくってみよう……32
1-9　ロボットづくり体験……34

column 1 的確で素早いけど少し融通の利かない新人……36

第2章 RPAがバズった理由……37
時代の寵児とその魅力、実体

2-1 貴重な労働力を補いうる存在……38
2-2 過剰な期待を抑えて適切な評価へ……40
2-3 かつてないほどの速さで進む普及……42
2-4 「働き方改革」っていったい何？……44
2-5 RPAが実現する新しい仕事の形……46
2-6 現代日本の生産性における課題……48
2-7 日本の生産性を飛躍的に伸ばす……50
2-8 導入時が成功と失敗を分ける……52
2-9 ロボットと協働するということ……54
2-10 導入と定着を成功に導く「体感」……56
2-11 RPA導入における拡大期の課題……58
2-12 海外におけるRPAブーム……60
column 2 RPAは決して間違わない？……62

## 第3章 図解 RPA導入事例……63
### 驚くべき効果とキャラクターたち

3-1 RPAのインパクト① 効率化実現／人員シフト……64

3-2 RPAのインパクト② 実り多い人生のために……66

3-3 RPAのインパクト③ 増殖するロボットたち……68

ロボット図鑑1 ソフトバンク株式会社……70

ロボット図鑑2 住友林業情報システム株式会社……72

ロボット図鑑3 ヤフー株式会社……74

ロボット図鑑4 株式会社エイチ・アイ・エス……76

ロボット図鑑5 株式会社MAIA……78

ロボット図鑑6 株式会社エネルギア・コミュニケーションズ……80

ロボット図鑑7 オリックス・ビジネスセンター沖縄株式会社……82

ロボット図鑑8 日本生命保険相互会社……84

ロボット図鑑9 パナソニックLSテクノサービス株式会社……86

ロボット図鑑10 株式会社ブレインパッド……88

ロボット図鑑11 リコージャパン株式会社……90

ロボット図鑑12 西濃運輸株式会社……92

ロボット図鑑13 株式会社グッドライフ……94

ロボット図鑑14 株式会社ＩＩＪエンジニアリング……96

ロボット図鑑15 株式会社大崎コンピュータエンヂニアリング……98

ロボット図鑑16 株式会社ＬＩＸＩＬグループ……100

column3 他人事はダメ！ 自分のことは自分で……102

## 第4章 ロボットと一緒に楽しい明日へ RPAの発展と未来像……103

4-1 ＲＰＡが社会を救う！……104

4-2 幸せを実現して楽しい社会へ……106

4-3 ＲＰＡ導入による豊かな生活の実現……108

4-4 復職難時代の救世主 ＲＰＡ女子プロジェクト……110

**RPA女子 座談会**……112

4-5 ＲＰＡ進化モデル【Ｓｔａｇｅ1】……116

4-6 ＲＰＡ進化モデル【Ｓｔａｇｅ2】……118

4-7 ＲＰＡ進化モデル【Ｓｔａｇｅ3】……120

4-8 生まれつつある新しい雇用スタイル……122

column4 ＲＰＡによる地方創生の実例……124

用語集……125

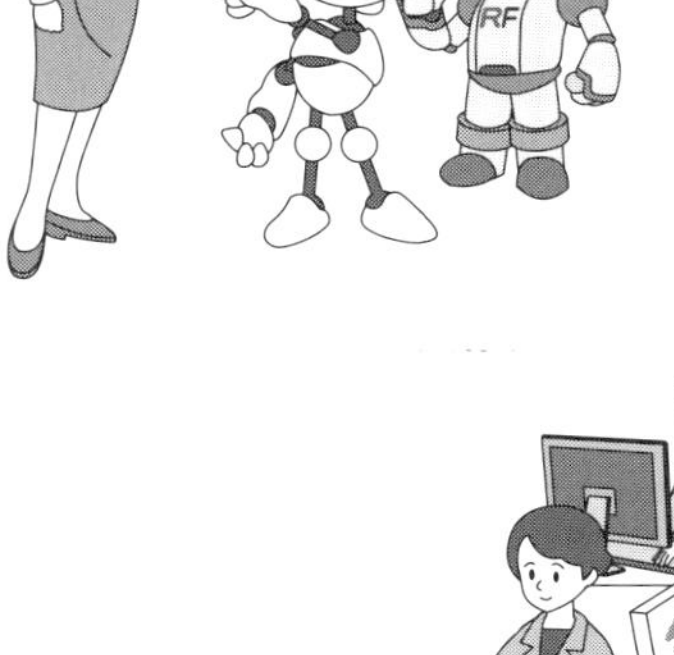

第 **1** 章

# “ロボット”を理解しよう

## RPAと仲良くなるために

7つのキーワードで RPA に興味がわいたら、もう少し理解を深めていきましょう。難しいことではありません。まるで新入社員に、あるいは友だちに興味をもつように、ロボットとも仲良くなることができるのです。

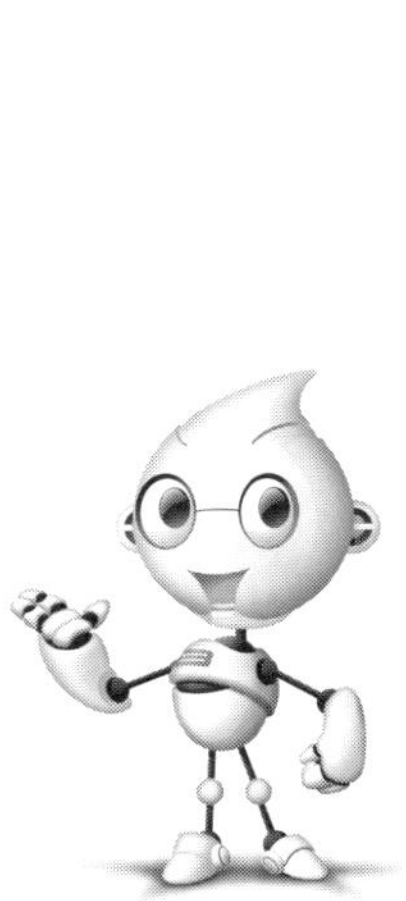

1-1

# 適用範囲の広い最新のデジタル技術

AIやIoTに較べると、知名度の点では若干、見劣りがちなRPAですが、ここ2〜3年で急激にフィーチャーされています。いったいどんな技術なのでしょうか。

## 事務やオペレーションに強いデジタル技術

RPA（Robotic Process Automation）は、ロボットによる業務自動化のことで、IoT※やブロックチェーン※などと同様、デジタル技術の1つです。これらのデジタル技術にはたいてい、適用範囲があります。例えばIoTなら〝モノ〟にかかわる製造業や運送業、ブロックチェーンなら金融機関などでよく使われる技術なのです。

では、RPAはどうでしょうか。

RPAの特徴は、事務やオペレーションなど、人がPCやサーバーを使って行っている仕事が得意だという点にあります。事務やオペレーションに強いということは、業界や業務が異なってもおおむね同じように使われるということです。

ここにこそ、RPAの強みがあります。

## AIとRPAの大きな違いとは

また、AI※とRPAは、大量のデータ処理を瞬時にして行うことができるという処理能力の高さ、および適用範囲の広さから同種のものとして捉えられがちです。しかし、AIは大量のデータを学習・分析する「機械学習」によって成長していくため、一定の効果を上げるためにはコストも時間もかかります。一方、RPAは、単純に記録（P28参照）なので教えられたことしかできませんが、100%正しい結果を出します。

これまで人が行っていた単純作業を、たった一度の見本作業で代行できる。まさに「実体のないロボット」と呼ばれるゆえんです。

# デジタル化のムーブメント

現在は、第四次産業革命のただなかにあります。特徴はデジタル技術の隆盛で、大量データのやりとりが可能になったこと。人類とデジタルの、まさに共存時代です。

2010年～現在
**第四次産業革命**

人とデジタルの共存がメインテーマ。大量データの処理が可能になり、ロボットに仕事が奪われるといった危機感やシンギュラリティ予測など、発達しすぎたゆえの問題も抱えています。

**RPA**
**スマートフォン／IoT／ドローン／※ビッグデータ／AI**

1900年代後半
**第三次産業革命**

目玉はやはり、1995年のWindows95の誕生。情報産業の目覚ましい進歩が特徴です。また、産業用ロボットによるFAもひと役買っています。

**コンピュータ／産業用ロボット／インターネット／飛行機／原子力／携帯電話**

1860～1920年
**第二次産業革命**

何といっても自動車と電話の発明が世界を変えました。その他、発電機やモーターなどの開発により、原動力の飛躍的な躍進がみられます。

**発電機／モーター／自動車／電話／ガス／石油**

1760～1840年
**第一次産業革命**

産業革命を経て、機械化による分業が進みました。ワットによる蒸気機関の発明が有名です。

**紡績機／蒸気機関車**

**産業革命以前**

産業革命とは、18世紀後半のイギリスにはじまる産業の変革およびそれにともなう社会構造の大きな変化のこと。具体的には、木綿産業での手作業に替わる機械の発明をきっかけとしています。これにより、飛躍的に産業が発達しました。

1-2

# システムではなく人事である

RPAは、実体のないロボットで、導入することは人事の範疇《はんちゅう》だと捉えることができます。それは、RPAが単なるシステムではなく、労働力としてカウントできるからです。

## オフィスワーカーの救世主

あらかじめ教えられたパターンでデータ処理する機能、と聞いて、マクロ※やVBA※と混同してしまう人も少なくありません。しかし、これらは特定のアプリケーションのなかでしか動かないのに対し、RPAは特定のアプリケーションによらず、**人間が行っている作業をそっくりそのまま再現してくれる**という違いがあります。

FA（産業用ロボット）が普及する前、工場ではすべての作業を人が行っていました（P5参照）。ところが、FAが普及したことで、工場の労働は「人」＋「FA」＋「システム」の三層になったのです。オフィス業務におけるRPAは、これと同じ役割を果たします。

## 人間に代わって働く仮想知的労働者

**RPAは単なるシステムではなく、労働者、つまり、人**なのです。システムを、単に導入して終わりということではなく、人を雇うことと同義というふうに捉えて、いわば人事の観点からRPAを理解してほしいと思います。

RPAは、従来は人間のみが行うことができると考えられていた作業を代行するものです。そのため、自分の部下に対するように仕事を教え、実行させることができます。人間の代わりに業務を遂行することから**「デジタルレイバー」**（P22参照）とも呼ばれます。

ただし、業務の成果とデジタルレイバーのフォローは、人間がコミットしないとなりません。

# 「働き方」と「働き手」

## ●働き方の種類

かつては職の多様化というと、「オフィスでフルタイム」「サテライトオフィスで現場に対応」「時短で働く」「SOHOで働く」など、「働き方」の選択肢がテーマでした。

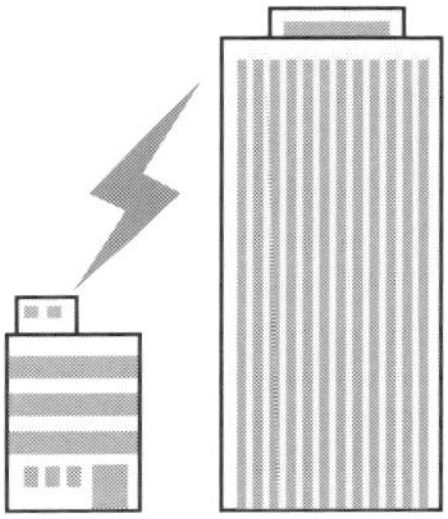

サテライトオフィス

時短

SOHO

## ●働き手の多様化

例えば、人間が働いているオフィスに、システムが導入されたり、デジタルレイバーが"雇用"されたりします。働き手も多様化する時代が来ています。

人間

システム

デジタルレイバー（RPA）

1-3

# デジタルレイバーってどういう意味？

デジタルレイバーとは、「仮想知的労働者」と訳すことができます。ホワイトカラーの一員として、協力、分担して一緒に仕事を進めてくれる存在です。

## まるで一人雇用したかのような感覚

ある会社では、ＲＰＡに社員番号を発行しました。また、ある会社ではＲＰＡに名前をつけています。ＲＰＡが人に近い、つまりデジタルレイバー（仮想知的労働者）だからです。

ＲＰＡは、人が行う業務を代行してくれますが、判断や決裁はできません。教えられていないことが出てきたりして判断に迷った場合は、停止してしまいます。つまり、人間から独立して業務を行うのではなく、人間と協力、分担して業務を行う「仲間」なのです。

ＲＰＡは、システムのように一線を画したツールではなく、まるで隣の席にいて一緒に仕事をしているかのような存在なのです。

### チリツモ仕事や3Kを片づけるありがたい労働力

RPAの得意なことは少量多品種の単純作業、つまりチリツモ仕事（チリも積もれば山となる、瑣末で膨大な量の業務）や３Ｋ仕事（キツい、汚い、危険）の処理です。これらの仕事を正確に、そして短時間で処理してもらうためには、新入社員に仕事を教えるように、RPAを「教育」しなければなりません。

# デジタルレイバーとソフトウェア

RPAは、ソフトウェアではなくデジタルレイバー。ということは、情報システム部ではなく人事部や経営企画部の管轄となります。違いを見てみましょう。

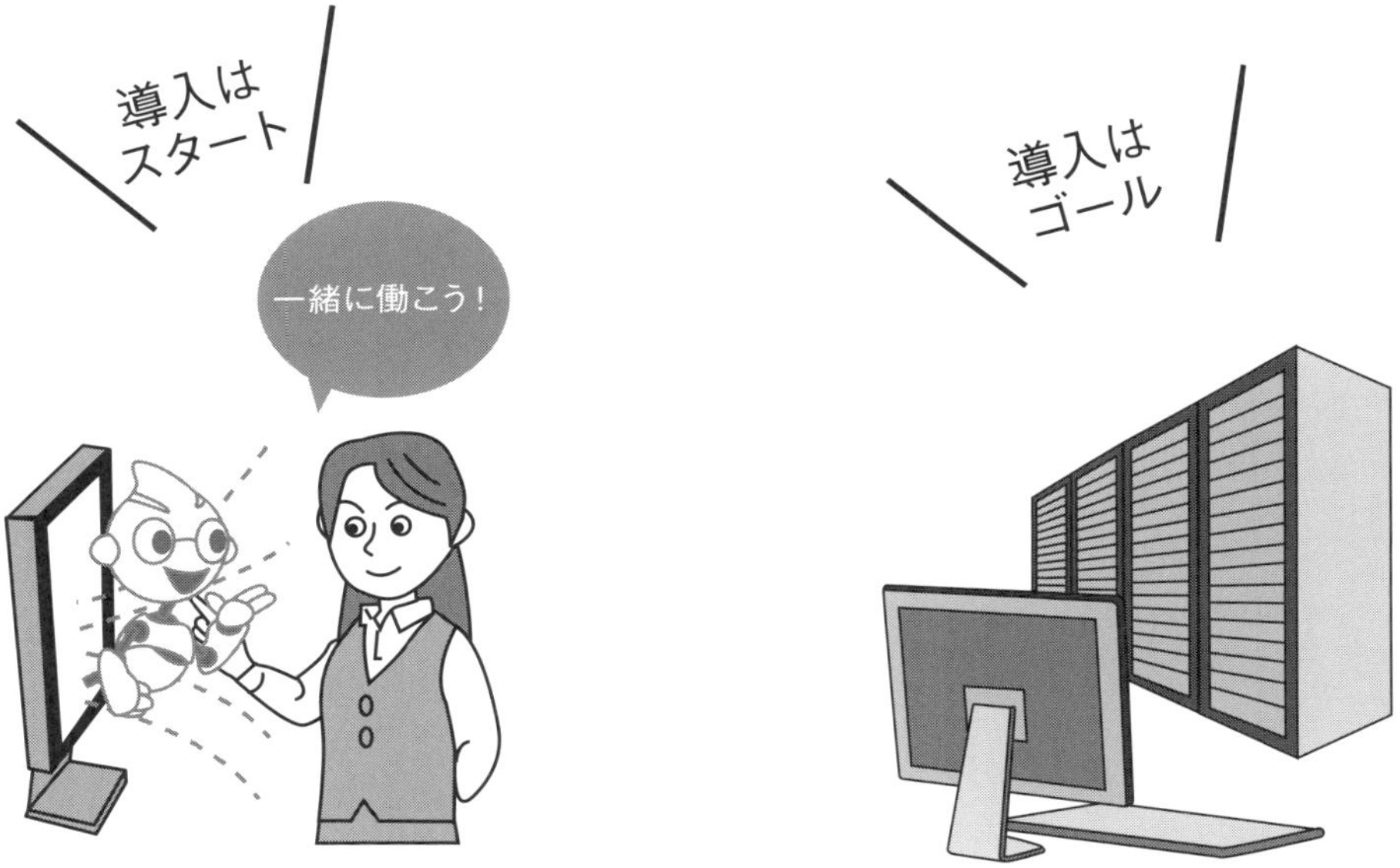


| デジタルレイバー | ポイント | ソフトウェア |
| --- | --- | --- |
| プログラミングなし<br>現場主導設定のため<br>極めて短期間低コスト | 製作 | 専門エンジニアによる<br>プログラミング開発<br>長い時間をかけて製作を行う |
| 導入から<br>プロジェクトスタート<br>部分的な作業を代行 | 完成・導入 | 導入で<br>プロジェクト終了<br>99.99%の品質で稼働 |
| 例外事案は<br>人間がカバーするため<br>問題なし | 運用（例外） | システムエラーは許されない |
| **人事である** | **本質** | **IT である** |

1-4

# なぜ、今 RPAが必要なのか

国内企業の 14.1% が既に導入済み、6.3%が導入中、19.1%が導入を検討しているとされるRPA（2017 年調査による）。あらためて導入の目的を考えてみましょう。

## ものづくりの現場に学べ！

かつてものづくりの現場においては、すべての工程が職人の手作業に委ねられていました。この製造現場に革命をもたらしたのが、ＦＡ、つまりファクトリーオートメーションであり、産業用ロボットの導入でした。

ＦＡは、コスト削減、品質向上、納期の短縮など、さまざまな恩恵を生みました。もはや、ＦＡなしに製造現場は成り立ちません。

一方、ホワイトカラーが働くオフィスはどうでしょうか。ロボットはいますか？

製造現場は人・ロボット・ＩＴという三層から構成されているのに、オフィスには人とＩＴの二層しかありませんでした。

## オフィス革命のスタートライン

ホワイトカラーにとってのＦＡが、ＲＰＡです。

ホワイトカラーの労働人口が減少を続ける今だからこそ、ＲＰＡによるオフィス革命が求められています。

オフィスに人とＩＴのほかにロボットという層が加わることによって、ホワイトカラーは、入力や伝票処理などの単純事務作業から解放され、もっと創造的で自己表現を求められる仕事に従事することができます。

社員一人ひとりが高いレベルでの自己実現を果たし、ＲＰＡを活用することでより高い収益性を生んでいく。そんな時代が既にそこまで来ています。

# 時短と生産性向上を同時に実現するロボット

「なぜ、今、RPAなのか？」。その答えは、求められている時短と生産性向上を同時に実現するツールだからです。

**圧倒的なスピード感**

人間の5〜10倍のスピードで処理。場合によっては100倍以上にも

**ミスをしません**

人間はミスをするが、ロボットは機械。ルールに従って作業を遂行する

**24時間365日働きます！**

いくら残業させても大丈夫！
休みなく正確に働いてくれる

## RPAは、ホワイトカラーのためのロボット

製造現場において、産業用ロボットはもはや欠かせない存在となった。

オフィスワークにおいても、RPAは時短と生産性向上を実現するため、欠かせない存在となる。

1-5

# コスト削減と効果の最大化

RPA導入を考えたとき、多くの人が想像もしくは期待するのは、人件費の削減でしょう。しかし、コスト削減を目的としてRPA導入を考えるのは、早計かもしれません。

## 企業の使命はコスト削減ではない

　7つのキーワードで、QCDについて触れました（P7参照）。この3つは、企業にとって非常に大切な※KPI（key performance indicator：企業目標の達成度を評価するための主要業績評価指標）であり、企業経営においては、KPIを最大化することを考えなくてはなりません。

　つまり、コスト削減そのものは手段の1つであって、目的ではないということです。RPA導入においても、コスト削減はあくまでデジタルレイバーの効用の1つであって、最終的な目的ではありません。

　RPA導入の効果は、QCD、つまりKPIをただ改善するだけではなく、爆発的で圧倒的なスケール感で最大化すること、そして会社の経営状態を最適化し、かつ進化せしめることにあるのです。

## ホワイトカラーを労働から解放しよう！

　RPAは、ホワイトカラーが恒常的に抱えている煩雑な事務作業を代替することで、人間はより創造的で価値のある仕事へと集中できるようにしてくれます。

　とくに中小企業においては、少量多品種の事務作業（チリツモ：P22参照）を限られた人数でこなしているため、RPA導入の効果を発揮しやすくなっています。

　企業の目指すミッションを支えるわれわれ人間が、より快適に、かつ純粋に活躍できるよう、デジタルレイバー（RPA）が重要な役目を果たしてくれるのです。

# RPA活用の目的を考える

時短やコスト削減はあくまで結果論です。企業として、追求しなければならないことは何でしょう。その答えが RPA導入の真の目的につながるのです。

1-6

# デジタルレイバーの育て方

ロボットをつくるというと、最先端の機械工学を駆使した最新の理論で……などと考えがちですが、RPAには必要ありません。新人教育と一緒で、仕事を見せてあげればいいのです。

## 人間の仕事を〝録画〟する感覚

産業用ロボットが職人の動きを真似るように、RPAも人間の処理の手順を真似ることで、業務を自動実行できるようになります。

RPAの作成に、プログラミング知識は必要ありません。PC上で行った操作を記録させるだけでいいのです。イメージとしては、〝録画〟がもっとも近いでしょうか。

ポイントは、業務を※タスクに分解して、1つひとつ〝録画〟させることです。この処理が終わったら、次の処理。終わったら、そのまた次の処理……と〝録画〟していきます。

## 業務をタスクに分析できる論理的思考力が必要

また、RPAは、分岐処理も可能です。分岐処理とは、条件を指定して、その条件を満たしたら実行するという方法で、例えば「AとBを10回繰り返したら」→「Cを実行する」といったパターンのもの。このためにも、RPAに覚えさせたい一連の仕事を、タスク分解できる能力が必要なのです。

プログラミングは必要ありませんが、物事を順序立てて考える論理的思考は必要ともいえるでしょうか。コードやプログラミングなどの専門知識ではなく、仕事を俯瞰《ふかん》して全体を把握し、どういうタスクで成り立っているかの分析ができること、また、どういった例外が生まれる可能性があり、その例外を処理するためには何が必要なのかを把握できる思考力が必要です。まさに、仕事の構造を新人に教えることと同じなのです。

# 人間の仕事を記録する

## ▶レコーディング

ピアノの自動演奏は、人がまず弾いてみて、どの鍵盤をどのタイミングでどのくらいの強さで押すかをピアノに覚えさせます。RPAも同様。人のやることをRPAに、“録画”するように覚えさせます。

## ▶チューニング

| 【条件の設定】 | | 【実行の設定】 |
|---|---|---|
| ・AとBを10回繰り返したら | → | Cを実行する |
| ・C地点で処理対象が見つからない場合は | → | Fまでスキップ |
| ・Aが1ならD。それ以外なら | → | Eを実行する |

RPAを作成するには、タスク分解が必要であるため、物事を順序立てて考える論理的な思考が必要です。RPAが条件を指定すれば分岐処理も可能なのは、このタスク分解があるからなのです。

## 1-7

# 得意分野と不得意分野を知っておく

「何だかすごそう」。それだけの理由でやみくもにRPAを雇用して失敗する、そんなケースがみられます。得意な業務を知り、失敗のない雇用を目指しましょう。

### 24時間365日働ける新時代の企業戦士

大量にあって細かい〝チリツモ仕事〟（P22参照）や、「キツい、汚い、危険」の３Ｋ仕事。こういった、人ができるだけやりたくない、あるいは単純すぎてミスを誘発しやすい人間が苦手な仕事こそ、ＲＰＡは得意です。

人の手で行うよりもはるかにスピーディに処理することができ、24時間３６５日ぶっ通しで作業をしても、どこにも何も、影響が出ません。

また、こういったチリツモ業務は、属人化しがちでもあります。人に教えるくらいだったら自分でやったほうが早い、長年やってきた人だけが知っているコツやり方が、どうしても出てきてしまうものですが、ＲＰＡは、マニュアル化しにくいちょっとしたコツや修正なども、きっちりと拾い上げてくれます。

### タスク分類をきちんと行い人間とRPAで棲み分ける

ただし、ＲＰＡにも苦手な分野があるというのは、既にお話ししました。教えられていないこと、判断、決裁。こうしたことも含めて丸投げしてしまうと、ＲＰＡは止まってしまいます。

上手な活用のコツは、仕事をタスク分けして、ＲＰＡと人間で棲み分けること。チリツモはＲＰＡに処理してもらい、人間は判断したり決裁したりするのがベストです。ただし、業務の標準化に拘泥《こうでい》することはありません。ＲＰＡは、属人化した業務も、ルールがあればしっかりと拾い上げてくれます。

# 業務の「どこ」をRPAに任せるか

RPAと協働したい仕事をタスクに分解し、どの部分を任せるか考えます。RPAはすべてができるわけではありません。得意な仕事、不得意な仕事があります。

## ▶タスク分解

例えば「味噌汁をつくる」という仕事は

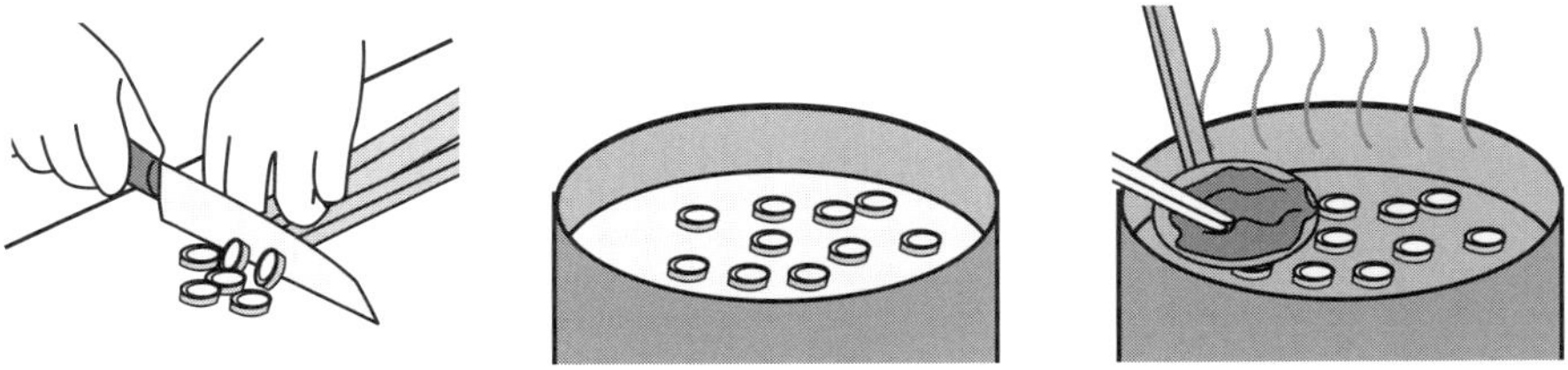

材料を切る　　鍋を火にかける　　味噌を溶く

という3つのタスクに分類されるとすれば……

## ▶ RPAは何が得意？

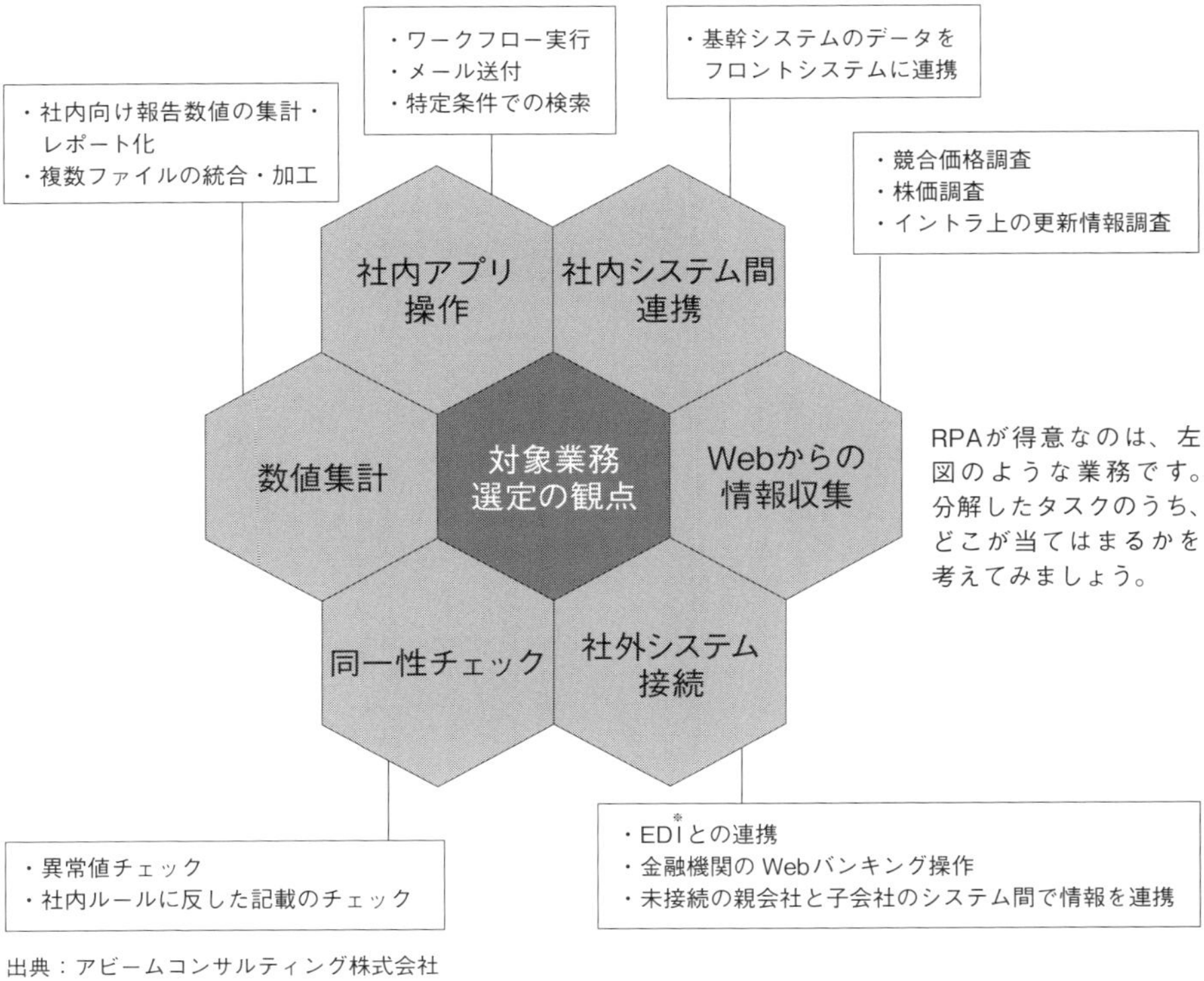


RPAが得意なのは、左図のような業務です。分解したタスクのうち、どこが当てはまるかを考えてみましょう。

出典：アビームコンサルティング株式会社

1-8

# 実際にロボットをつくってみよう

とはいうものの、本当にノンプログラミングでロボットがつくれるものなのでしょうか。また、ほかに必要なものはあるのでしょうか。

## オンラインで行われるRPA女子の育成

デジタルレイバーと協働する女性が増え、活躍していることを受けて、RPA女子プロジェクトが活気づいています。P110以降で詳しく説明しますが、このRPA女子プロジェクトを中心になって引っぱっている株式会社MAIA（P78参照）では、RPA女子の育成も手がけています。

ラーニング講座は、オンラインで行われ、「基本」「応用」「発展」「実践」に分かれています。実践まで習得すると、かなりのロボットがつくれるようになります。

## ただ「つくる」だけなら本当に何もいらない

RPAを使いこなすRPA女子になるためには、実際はロボットづくりのほかにもいろいろ必要なものがあります。例えばロボットに任せる仕事の流れを把握し、俯瞰することができる論理的な思考力。そして、※ITリテラシーまでは必要なくても、PCに、少なくともアレルギーをもっていたら難しいかもしれません。

そういうことを抜きにして、「ただロボットをつくる」ということだけなら、プログラムを組むスキルは必要ありません。あくまで自分の仕事を見せて〝録画〟させる（P28参照）だけなのですから。

今回はオンライン講座のなかから「基本」のループ処理までを、文系女子代表にチャレンジしてもらうことにしました。PCを使って仕事はしているものの、エクセルも、請求書をつくれるくらいで、それほど使いこなしているわけではありません。

# オンライン教育カリキュラム

オンラインでは、次の講座を受けることができます。ここで技術を習得し、実際に使いこなせるようになっていくのです。

## < RPA ラーニング for Business >

| カテゴリ | コンテンツ内容 | 獲得するRPAスキル |
|---|---|---|
| 基本 | まずはロボットをつくってみよう | ロボットの作成方法 |
| | 繰り返しができるロボットをつくってみよう | ループ処理 |
| | 場合分けができるロボットをつくってみよう | 条件分岐処理 |
| | ファイルを作成できるロボットをつくってみよう | ファイル作成 |
| 応用 | ファイルを読み込めるロボットをつくってみよう | ファイル読み込み |
| | Web ページの構造を意識してロボットをつくってみよう | HTML 解析 |
| | 指定した条件に合う情報が取れるロボットをつくってみよう | 複数の条件分岐処理 |
| | 複数ページの情報をもち帰れるロボットをつくってみよう | 任意のループ処理 |
| 発展 | 交通費精算のチェックが行えるロボット作成 | 基本・応用スキルの再確認 |
| | 複数の条件指定に合う情報を取るロボット作成 | |
| | キーワードをもとに複数サイトから情報を取ってくるロボット作成 | |
| | エラー発生時の判断ができるロボット作成 | エラーハンドリング |
| 実践 | メーラーからメール送信できるロボット作成 | 他アプリケーションの操作 |
| | 複数のファイルを操作できるロボット作成 | |
| | エクセルを直接編集できるロボット作成 | |
| | PDFファイルを読み込めるロボット作成 | |

出典：https://www.maia.co.jp/rpa-learning-for-women

大丈夫。
いつもやっている
とおりに
PC を操作して
みてね！

ロボットなんて、
私につくれるわ
けがない…

# ロボットづくり体験

では、「ロボットをつくる」とは実際にどんなことをするのでしょうか。機械工学的なイメージはまるでなく、ふつうにPCを使っている感覚でした。

ロボット完成!
正直、達成感はあんまりないけど…
それは実際に、明里さんがまだ業務で使っていないからですよ。でも、処理は速いでしょ
私がやると1つ3分かかるとして10個で30分、それが1分かからないんです
つくれない人っているんですか?
よく考え、調査できる能力がないと難しいかも…。自分の仕事をロボットのルールに従って覚えさせなければならないですからね
今まで苦労していた業務をあっという間にこなしてくれるなんて、本当に可愛いですね♪

すべてのブームには幻滅期があり、そのまま終わってしまうか、その後再び盛り返すかは、そのブームが〝本物〟であるかどうかにかかっています。もちろん、幻滅期も最小限に抑えられればいうことなしです。

いうまでもなく、RPAはただのバズワードではなく〝本物〟です。そこで、章末コラムではその発展を妨げる3つの視点を紹介します。

☆☆☆

## 的確で素早いけど少し融通の利かない新人

新入社員が来たら、先輩社員は仕事を教えなければなりません。では、あなたは新人から仕事のやり方を聞かれたとき、どのように対応していますか？

A：丁寧にやり方を教える
B：自分でやってしまう

新人が仕事のやり方を質問する際は、「教わっていないことに直面した場合」が多いでしょう。その場合、「丁寧にやり方を教える」ことよりも、「自分（先輩）がやってしまう」ことのほうが適切な場合もあります。新人には判断が難しい、あるいはしてはいけないケースもあるからです。

相手がデジタルレイバーである場合も同様です。想定外の事態にはRPAは対処できませんし、難しい判断もできません。その場合は、新たに教育をするのか、あるいは人間が処理するのかを決定します。ただし、RPAは一度教えられたことは忘れません。

とても正確で処理が速いけれども、ちょっと融通が利かない新入社員。そんなイメージでRPAと協働することが、RPA導入の幻滅期を回避するための、第一歩となります。

すいません…
わからなくって…
前にいったんだけど…

第2章

# RPAがバズった理由

## 時代の寵児とその魅力、実体

一気にバズワードとなったRPAですが、
すべてのブームには黎《れい》明《めい》期《き》、幻滅期、啓蒙活動期、
生産性の安定期があります。
現在のRPAはどの立ち位置にいるのでしょうか。

2-1

# 貴重な労働力を補いうる存在

日本の人口は、この先減少の一途をたどります。それにともなって減少を免れない労働力をどう補完したらいいのか。解決策を見出すことが急務です。

## 「人」の労働力は貴重である

現在の日本の人口は1億2000万人強ですが、年々減少し、2065年には8213万人にまで減少するというデータがあります。

人口減少によりどういうことが起こるかというと、労働力としての人の価値が相対的に上がります。無人化した工場や過疎化が激しい地方などでは、その傾向はなおさらです。だからこそ、人の労働負担を軽減させるための技術、デジタルレイバーの導入が注目されているのです。

## 自己実現の手段として働き方の質が求められる

ワーク・ライフ・インテグレーション（P9参照）とは、仕事とプライベートの両方で高い充実を求めていこう、という考え方です。これを実現するためには、仕事から単純作業などの「労働」を取り除いてより価値のある仕事に集中していく必要があります。さらに、社会人の数が目減りしているうえ、事務や経理など細かい仕事に就きたがらない現実があります。けれども、その仕事をこなす人がいなくなると困ってしまうのも事実です。誰にとっても毎日単純な処理を繰り返すのは辛いものですが、その単純作業を行ってくれるのが、RPAなのです。

企業側としても、人的資源をより高付加価値な仕事に集中させることで、大幅な業務効率アップを実現できます。RPAなら、差し迫る過酷な未来の危機を救うことができます。

## 働き手がいなくなったら……

人口減少が危ぶまれるなか、労働力としても、人は貴重です。急速にデジタル技術が進む現在、私たちの仕事観も変えていかねばなりません。

2-2

# 過剰な期待を抑えて適切な評価へ

ここで、現在のRPAの市場規模について、見てみましょう。すべてのブームには幻滅期、あるいは衰退期がありますが、RPAも例外ではありませんでした。

## 市場規模の拡大と過剰な期待感による幻滅期

日本国内におけるＲＰＡ市場規模は、２０１７年度で31億円、18年度には約13・5倍の４１８億円に膨れあがりました。さらに２０２１年には、１０００億円規模に成長すると見込まれています。

さらに、※ＲＰＡソリューションベンダーの数は、毎年６割から８割の増加が見込まれており、ＲＰＡ専門イベントへの来場数は、１年で約4倍に達するなど、ＲＰＡ市場は確実に拡大しています。

このように順調そうにみえた市場拡大ですが期待が先行しすぎたことと、さらに期待を煽るかのような一部の過剰なマーケティングが、顧客の失望へとつながり、幻滅期へと突入してしまいます。

## 適切な理解から着実な市場拡大へ

ＲＰＡは、決して革新的な技術の集合体ではありません。先入観を抱かずに正しく理解し、手順をきちんと踏んで導入すれば、必ずや大きな効果を生むでしょう。

そして、こうした正しい導入による地道な実績の積み重ねが、ＲＰＡに対する誤った期待を払拭し、堅実な市場拡大へとつながっていくはずです。

現在では、技術進化を遂げたＡＩと組み合わせたり、ＩｏＴと組み合わせたりすることで、さらに高次の処理にも対応できるようになってきました。現在ＲＰＡは幻滅期にあり、過剰な期待による失敗例と適切な理解による成功例が混在している状況です。

# 日本におけるRPAの導入状況

2021年度には、1000億円規模に成長するといわれているRPA市場。
ビジネス参入する企業も、年々増加しています。

2017年5月RPAの導入状況（%）

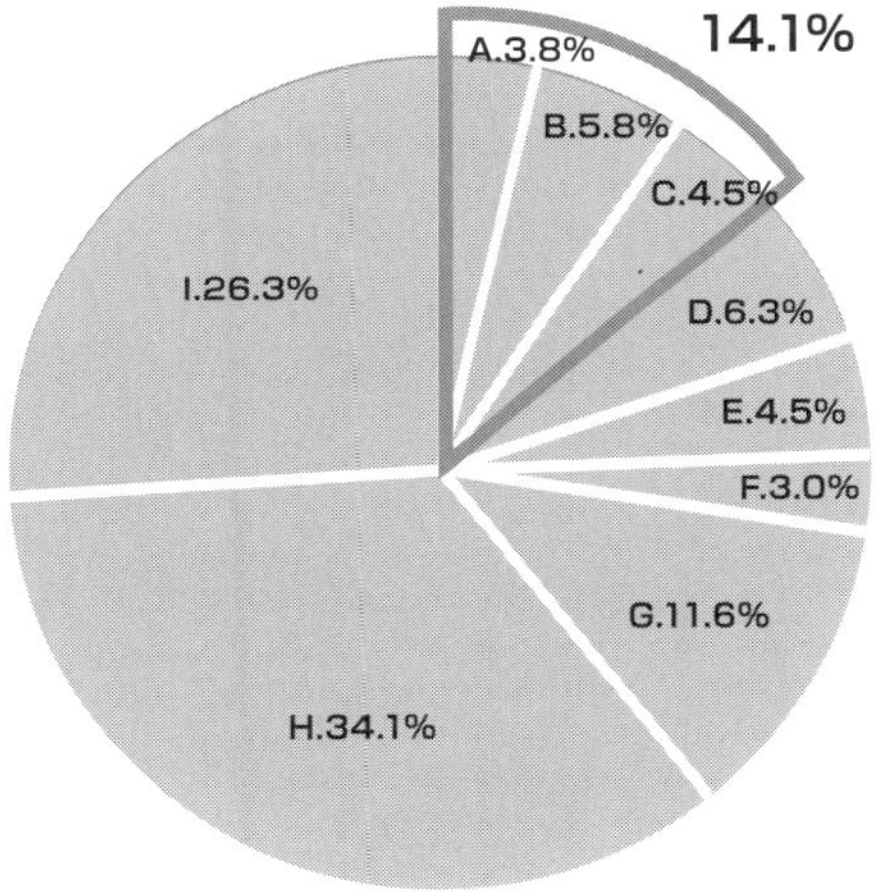


A. 導入済み、対象業務を拡大する
B. 導入済み、対象業務は当面現状維持
C. 導入済み、利用見直しを検討中
D. 導入中
E. 1年以内に導入予定
F. 1年より後に導入予定
G. 導入を検討中
H. 導入予定、検討なし
I. わからない

2017年12月RPA導入の取り組み状況（%）

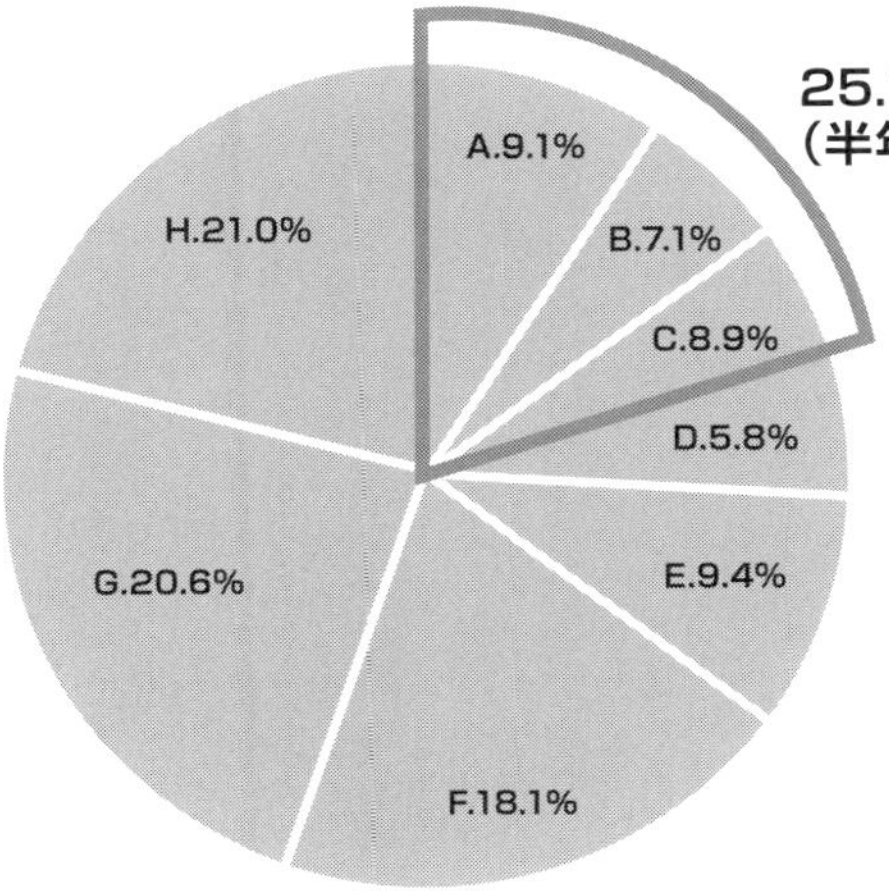


A. 導入済み、対象業務を拡大中、拡大予定
B. 導入済み、現状の対象業務を維持
C. 導入済み、利用見直しを検討中
D. 導入中
E. 1年以内に導入予定
F. 導入を検討中、1年より先に導入予定
G. 導入予定、検討なし
H. わからない

▲「国内企業のRPA導入状況」（出典：ガートナー 2017年後期ユーザー企業 IT デマンド調査データより）。国内では導入済みの企業は14.1%から25.1%へと増加傾向が継続。「導入予定、検討なし」の企業は34.1%から20.6%へと減少している（小数点以下第2位四捨五入）。

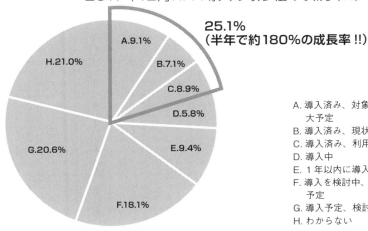

2-3

# かつてないほどの速さで進む普及

日本におけるRPAブームは、今どの段階にいるのでしょうか。また、この先、いったいどういう道をたどっていくのでしょうか。

## ブームの波とRPAの現在

すべてのブームには波があり、その波は荒いこともあれば穏やかなこともあります。RPAの場合、初期にはバズワードと呼ばれるくらいの大きな波がやってきました。

ただ、日本国内においては過剰な期待が先行したことから、「使えない」「お金がかかる」といった課題も先行導入した一部の企業から挙がっています。これはブームの波でいうところの、「幻滅期」にあたります。現在は、幻滅したままの企業と成功する企業が混在する過渡期にあると考えられます。

## 最新技術との連携とスケール高度化

これまでのRPAは、いわゆる単純事務作業を中心に導入されてきました。しかし、**AIやIoTといった最新技術と組み合わせることで、RPAだけでは不可能、もしくは難しかった業務も遂行できるようになりつつあります。**

もう1つ、RPAの裾野を広げているのが、**シェアリング**です。特定の事務処理作業を行うために作成されたRPAが公開、共有され、部門もしくは企業の垣根を越えて活用されるようになりました。異なった企業や部門においても、同じような業務処理を行っているケースはよくあるからです。

やみくもに期待して「とにかく導入すれば利益が上がる」と〝丸投げ〟するのではなく、このロボットをどういうふうに使ったらより利益が上がるのか？　そう試行錯誤していくことも大切でしょう。

# IT技術におけるRPAの位置

すべてのブームは黎明期から幻滅期を経て、啓蒙活動期、生産性の安定期に至ります。
RPAはほかのデジタル技術と較べても、幻滅期の到来も一般化も非常に速く進んでいます。

日本におけるテクノロジーのハイプ・サイクル：2018 年

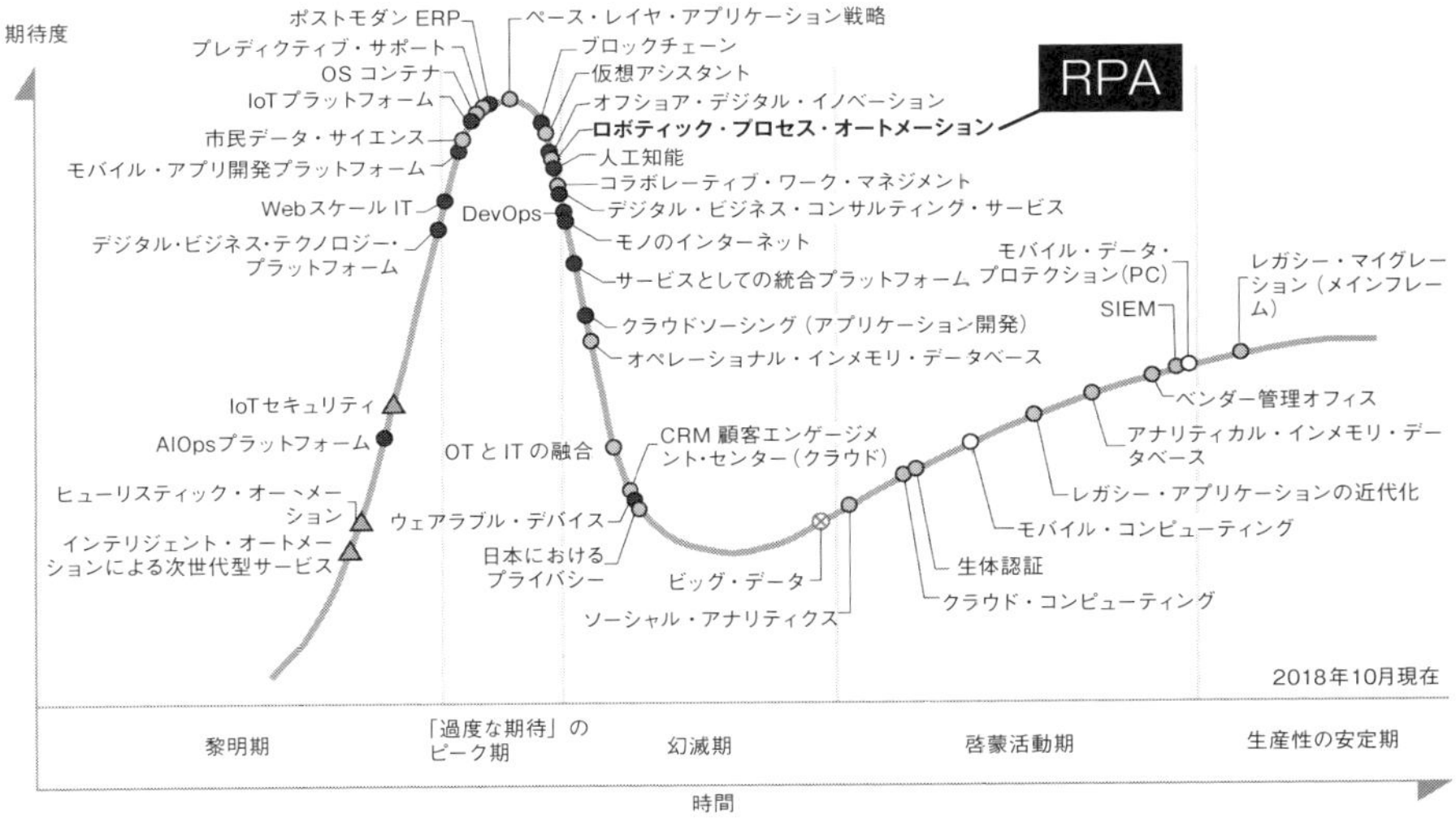


主流の採用までに要する年数

○2年未満　◎2～5年　●5～10年　▲10年以上　⊗安定期に達する前に陳腐化

出典：ガートナー（2018）「日本におけるテクノロジのハイプ・サイクル」

## AIよりも速い！ RPAの普及スピード

RPAは、2016年1月に日本に到来してたった2年で、ブームにおける幻滅期へ突入しています。IoTやAIなどの人気の最新デジタル技術と比較しても、一般化に至るスピードはものすごく速いことがわかります。AIと較べてみると、AIは主流の採用までに要する年数が約5年なのに対し、RPAは2年から5年未満、およそ倍の速さで急速に広まっていることがわかります。AIはRPAと比較しても、コストの面や開発の難しさから照らしても、一般化には時間がかかるだろうと思われます。

**2-4**

# 「働き方改革」っていったい何？

2016年度、安倍晋三内閣は「働き方改革」への着手を発表しました。RPAがこの「働き方改革」の救世主であると見る向きもあります。いったいどういうことでしょうか。

## 真に「幸せな働き方」とは何か

「働き方改革」の目的は、一億総活躍社会、つまり、現代日本社会の課題である少子高齢化と人口減少（とくに労働人口の減少）への対策をうたった、日本経済再生のための施策の1つです。

「働き方改革」というと、女性活用や時短勤務、テレワーク※の推進といった側面がクローズアップされがちで、それはRPA導入と非常に親和性が高いことは確かです。

ですが、それはあくまで一面的なことです。

表面的なことだけにとらわれず、RPAを、そして「働き方改革」を、より多角的に捉えることによって、真に「幸せな働き方」を実現することができるのです。

### 「幸せな働き方」の多義性

何を幸せとするかは、人それぞれなはずです。働き方に関しても同じ。時短や賃金アップもそのうちの1つでしょう。けれど、もっとも大切なことは、何か1つに限定されることなく、働いている人が自分にとって価値のある働き方を選択することができる、幅のある社会を実現することです。

# 「働き方改革」を俯瞰してみよう

最近至るところで耳にする「働き方改革」。まずはその全体像を俯瞰してみましょう。

現代の社会人が追求している「幸せな働き方」は、本当に改革で実現できるのでしょうか。

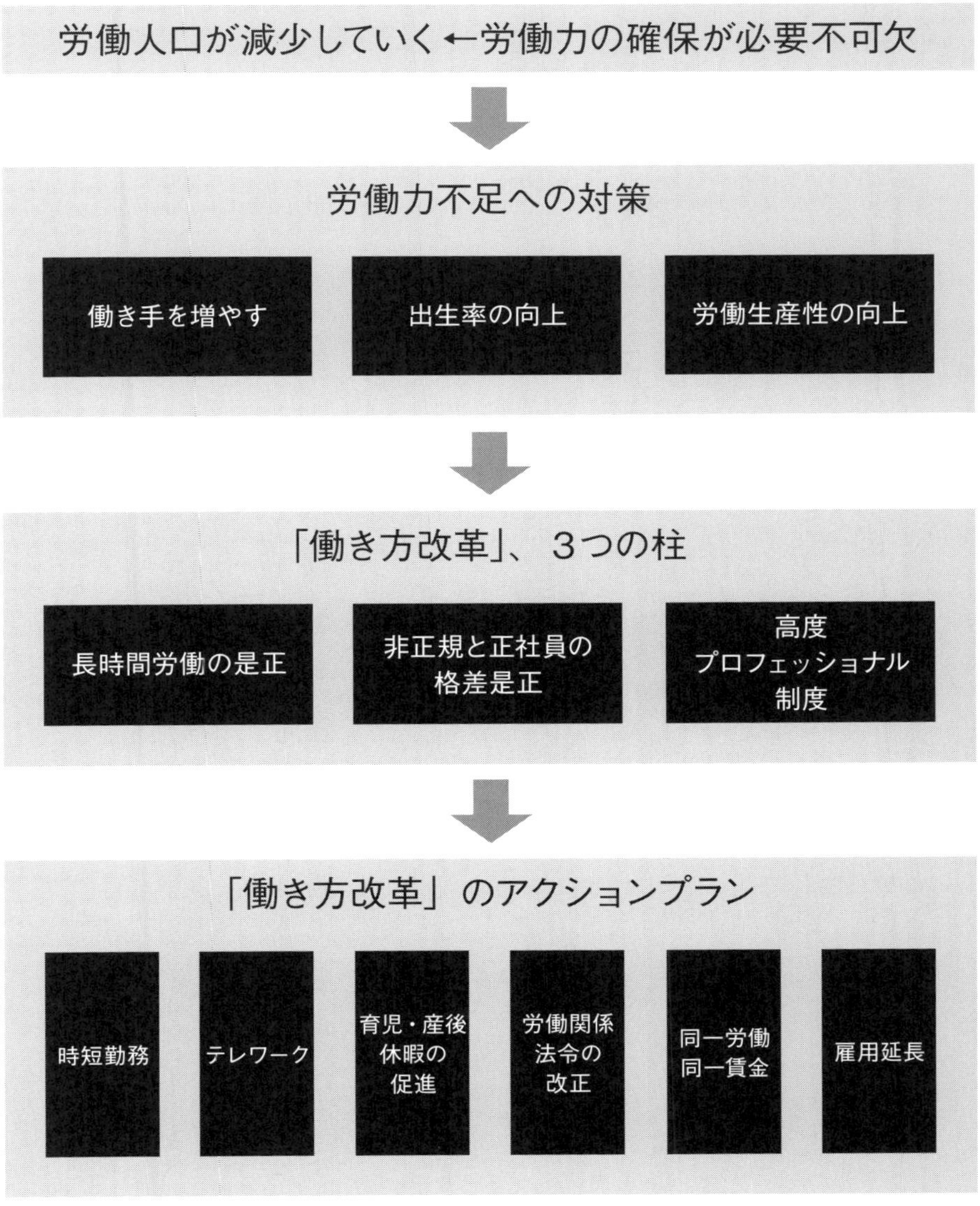


「幸せな働き方」とは、非常に総花的なものであり、人によって捉え方もまちまちです。一方、「働き方改革」の目的は経済再生。両者の落としどころは違っているように思えます。

2-5

# RPAが実現する新しい仕事の形

一生懸命やっても減らない膨大な単純労働は苦痛ですが、こなす人がいないと困る重要な仕事でもあります。これをRPAが担ってくれることで、仕事の形が変わります。

## 人が仕事を通じて本当にやりたいこと

働くことの目的や意味は、一義的ではありませんし、個人差があります。ですから、「働き方改革」にも多くの側面がありますし、ＲＰＡが実現する「幸せな働き方」も、多義的になるのはあたり前のことなのです。

例えばあなたは今、やりたい仕事ができていますか？　本当はやってみたいことがあるのに、日々の業務に忙殺されていませんか？

仕事から労働をマイナスすると何が残るのか？　これが私の考えるＲＰＡの真髄です。

## 時間換算の現実から成果を評価する社会へ

仕事の成果は時間で換算されるものではなく、成果そのものの価値で評価されるべきです。しかし、今、仕事と呼んでいる労働のなかには、成果とは直接関係のない雑多な作業がたくさん含まれています。結果として仕事に対する評価を純粋に成果だけで判断することは難しく、時間換算せざるを得ない現実があるのです。

## 仕事を通じて実現したいことは何か

逆にいえば、雑多な作業（労働）をＲＰＡに委ねることができれば、これまでと較べてパフォーマンスが格段に上がります。そうすることで仕事はより純粋にやりたいことだけをやれる、より人間的で創造的なものになり得るはずです。

ＲＰＡは、仕事を通じて人間が実現したいことをお手伝いしてくれるツールです。これが、ＲＰＡ

# 仕事に求めるものは何ですか？

P9では、「表現」としましたが、働く人の数だけ答えがあるはずです。
なぜ働いているのか、仕事を通じて何を実現したいのか、考えてみましょう。

**仕事－労働＝？（やりたいこと！）**

「？」に入る答えを実現すること。それが「表現」です。それは、個々人が個々人らしく生きることを実現するための、次世代のビジネススタイルを指します。

---

のもっている日本人らしさ、「おもてなし」の精神（P10参照）でもあります。

## RPAの可能性

これまでロボット、つまりRPAが対応できるのは、事務や経理に属するような〝処理〟だけだと思われていました。しかし、RPAの対応事例で、売上に直結するような例もあります。

例えば旅行業界において、キャンセルはすぐに対処すれば確実な売上に直結します。今まで、年末年始や早朝深夜に来たキャンセルは、タイムラグが生じてしまうこともありました。

しかし、RPAなら24時間365日対応が可能です。リアルタイムで売り逃しを確実に防ぐことができるのです。

2-6

# 現代日本の生産性における課題

ここで一度、現状のビジネスにおける課題を見てみましょう。ビジネス社会の何を変えていかなければならないのでしょうか。

## 極めて低い日本の労働生産性

日本における時間あたりの労働生産性（就業1時間あたりの付加価値）は、47.5ドルです。これは主要先進7か国（G7）では最下位であり、国際的にも残念ながら、極めて低い水準にあります。

労働生産性は、GDP※（国内総生産）を就業者数で割ることで導かれます。ご承知のとおり、日本の就業者数は減少傾向にあります。

## 課題は「短時間でいかに労働効率を上げるか」

日本の労働生産性は米国の約3分の2に留まりますが、実は1980年代以降、この格差は広がりつつあります。米国がGDPを堅調に拡大する一方で、日本はほとんど変わらないからです。

就業人数が減少傾向にあるなか、GDPを拡大するためには、労働生産性を上げるしかありません。労働生産性を上げれば、結果として給与などの待遇にも反映され、経済活動が活発になります。

短時間で、いかに効率よく働き、収益を上げるのか。その取り組みが、日本社会の急務なのです。

その一方で、日本では、労働＝時間という考え方が根強いのも現実です。「1日たった4時間しか働かない人に、たくさん給料をあげるわけにはいかない」という考え方の経営者がまだだいます。

けれど、実働がたとえ4時間でも、利益が上がれば、評価してしかるべきでしょう。RPAの導入により、社会の考え方が変わる可能性が生まれるということです。

# さまざまな国の労働生産性

国ごとに労働生産性を見ていくと、日本は諸外国と較べても低い位置にいます。もっとも高いアイルランドが 97.5 ドルであり、米国が 72.0 ドル、ドイツが 69.8 ドル。G７で日本の次に低いカナダですら 53.7 ドルであり、いかに日本の労働生産性が低いかがわかります。そのうえ、上昇率も決して高いとはいえず、このままではいつまでたっても先進諸国と肩を並べることはできないといわざるを得ません。

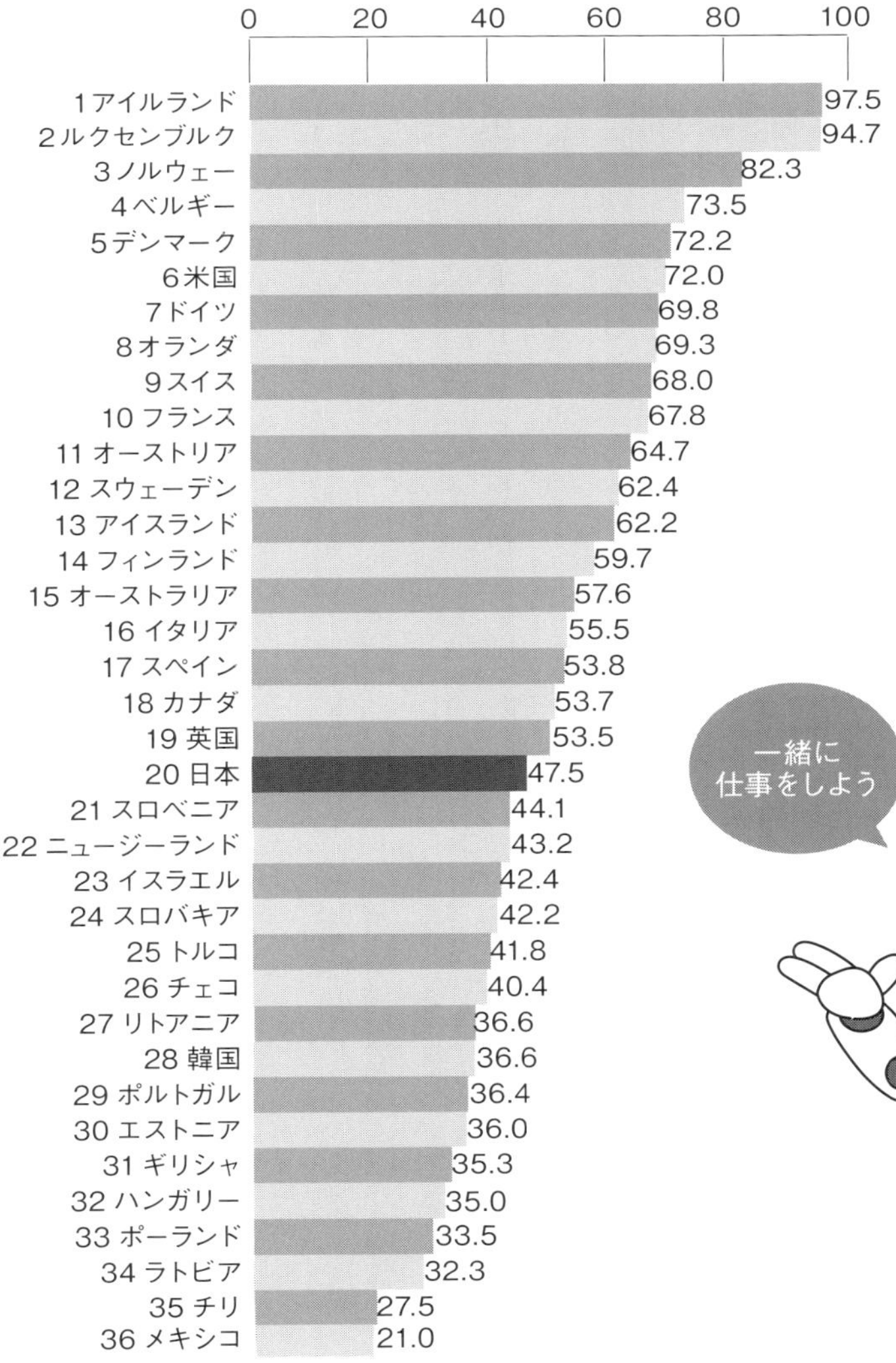

出典：公益財団法人 日本生産性本部「労働生産性の国際比較 2017 年版」

2-7

# 日本の生産性を飛躍的に伸ばす

日本の労働生産性を上げるにはどうすればよいのでしょうか。RPAは、高度成長期の悪しき習慣が残る日本の労働問題を一掃する可能性を秘めています。

## 日本企業の労働問題を是正するために

日本の労働生産性の低さは、国際的にみて最低のラインにあるということはわかっていただけたかと思います。裏を返せば、日本人は、それだけ仕事が細かく丁寧なのだということもできるのですが、いずれにせよ、是正していかなければならない問題ではあります。

その他、長時間労働やうつなどの問題も含め、日本社会が抱える労働問題は重症です。小手先の技でどうにかできるわけもなく、日本型労働を変える起爆剤となる、革命的なしくみがなければ打破することは不可能でしょう。

## ＲＰＡが日本のビジネスを大きく変えていく

そこでＲＰＡです。オフィスにおける定型業務を中心に、人を労働から解放してくれるうえ、ＡＩの新技術などを活用した先進的なＲＰＡが続々と開発されています。将来的にはオフィス業務の３分の１が、ＲＰＡに置き換わると予測されているのです。やる人がいないと困ってしまうけれど、誰も積極的にはやりたがらなかった３Ｋ仕事やチリツモ仕事から人を解放することで、パフォーマンスと成果を上げ、より創造的な仕事に意欲的に取り組めるチャンスを生みます。

また、事務処理だけでなく、売上や収益に直結する例も、多々挙がっています。

ＲＰＡは、いろいろと活用方法を考えれば、ただの処理ロボットではなくなります。まさしく一緒に働く頼もしい仲間になり得るのです。

# RPA が起こすオフィス革命！

やってもやっても片づかない仕事を瞬時にこなし、しかも 24 時間 365 日稼働してくれる。そんな、RPA にしかできない仕事は、まだまだたくさんあります。

CASE1

CASE2

## 2-8

# 導入時が成功と失敗を分ける

RPA導入に成功する企業と、失敗する企業の差は何でしょうか？　ここでは、成功と失敗を分けるポイントについて考えていきましょう。

### RPAはITではない？

「ＲＰＡ導入が、どうもうまくいかない……」。そんな会社のなかには、ＲＰＡ導入にシステム開発のメソッドを適用したケースが見られます。要求仕様を募り要件定義をまとめるシステム開発の考え方は、スピードや柔軟性の点で、ＲＰＡの導入には向きません。ＲＰＡの導入の際は、あくまで現場主導で行うことをお勧めします。

　考えてみてください。会社の採用は、誰が行っていますか？　新人教育は、会社内で行いませんか？「デジタルレイバーはＩＴではない」ということの真意は、ＩＴ導入のやり方から離れて、人事の発想でデジタルレイバー導入を考えたほうがうまくいくからです。

### デジタルレイバーは人事である

新入社員が入社したときは、その新入社員の適性を見極め、配属部署を検討します。

　デジタルレイバー、つまりＲＰＡも同じです。ＲＰＡの適性を知ったうえで会社全体の業務を俯瞰して、デジタルレイバー（ＲＰＡ）を効率的に生かせる業務を検討していきます。

　何度かお話ししていますが、「ＲＰＡの導入を考える際は、システム開発ではない人事の発想、人事の目線が不可欠」ということは、つまり、そういうことなのです。

　他人事ではなく、ともに働く仲間として、デジタルレイバーに何を求めるのかを考える必要があります。

# デジタルレイバー(RPA)を“採用”し協働するということ

業務によってRPAに向き不向きがあるように、採用する人もRPAに向き不向きがあります。システム脳から人事脳へ切り替えましょう。

## RPA 導入プロジェクトに適したメンバーとは

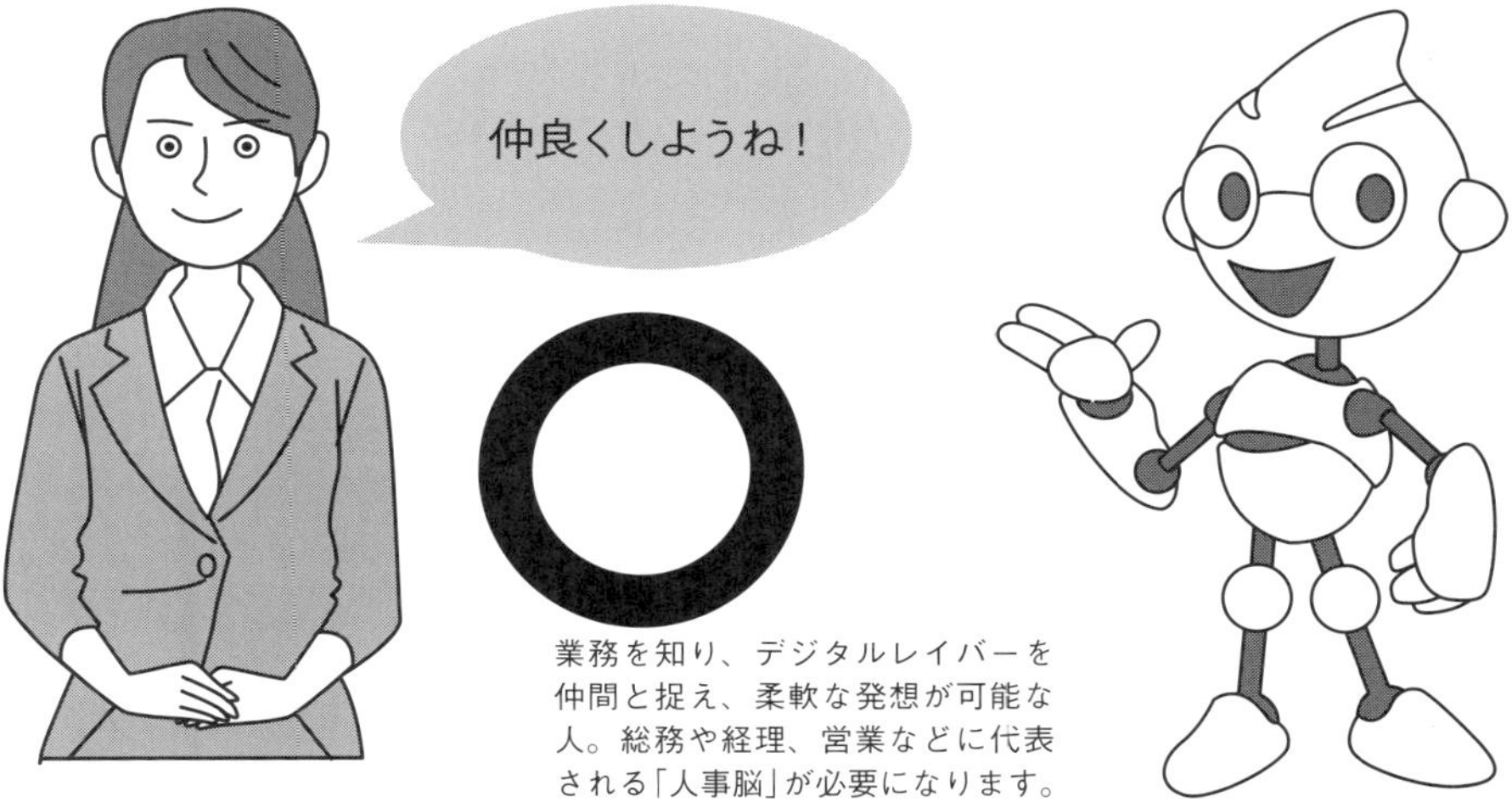


業務を知り、デジタルレイバーを仲間と捉え、柔軟な発想が可能な人。総務や経理、営業などに代表される「人事脳」が必要になります。

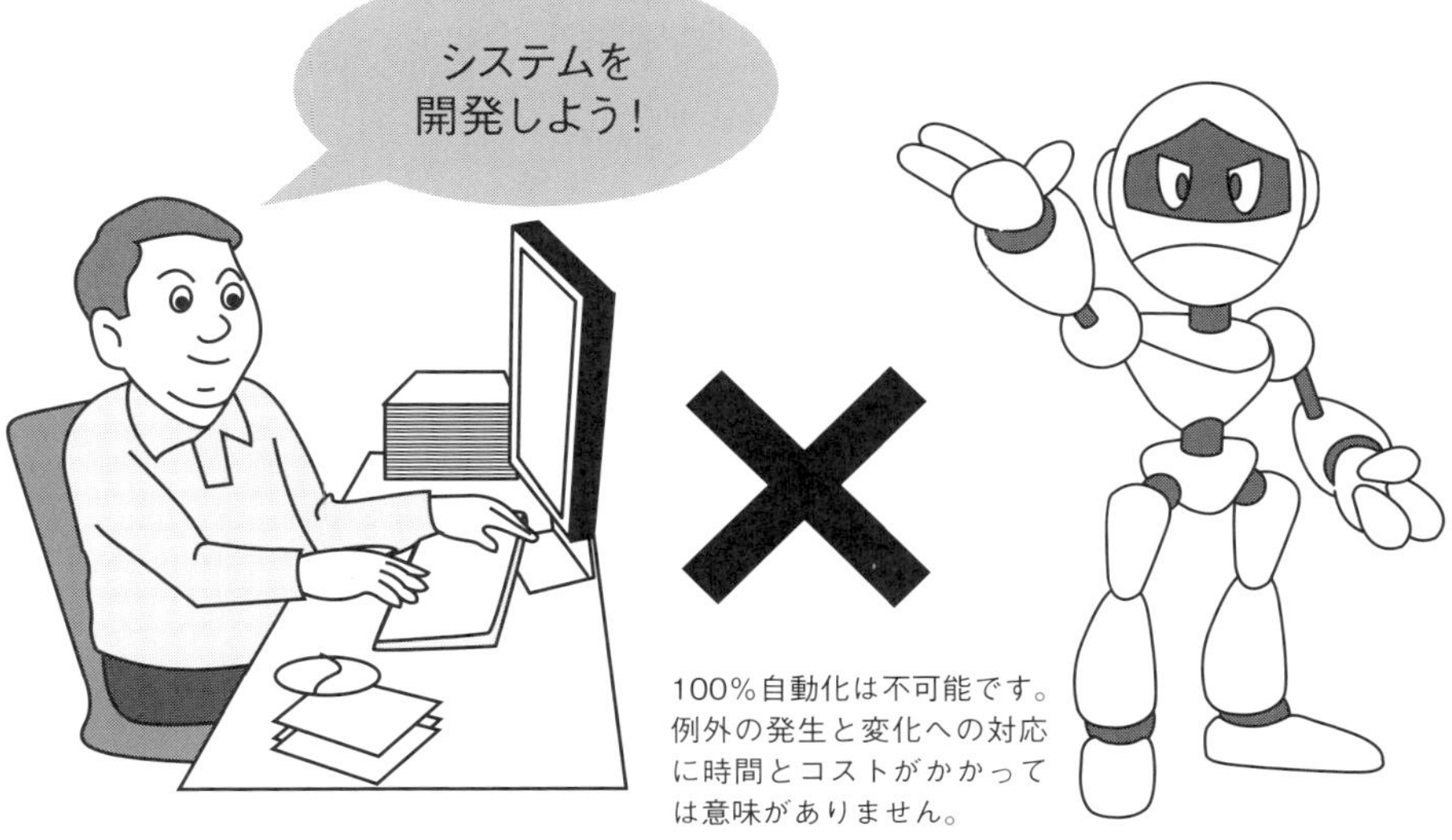


100%自動化は不可能です。例外の発生と変化への対応に時間とコストがかかっては意味がありません。

2-9

# ロボットと協働するということ

RPAは、オフィスワークを大幅に変える力をもった革命的なツールではありますが、万能ではありません。何ができて、何ができないかを学びましょう。

## ＲＰＡに何をさせるべきか？

これまでの業務オペレーションは、「人＋ＩＴ」の二層で構成されていましたが、ＲＰＡを導入することで、「人＋デジタルレイバー（ＲＰＡ）＋ＩＴ」の三層で業務オペレーションを行うことになります。

ＲＰＡに適した業務の例は、「ＲＰＡは何が得意？」（Ｐ31参照）の図表を参考にしてください。ＲＰＡ導入初期に、これ以外の業務処理を過剰に期待するのはお勧めできません。

## 「人がやるべきこと」は何かを理解する

ＲＰＡには、人が行ってきた単純業務の多くを任せることができます。とくに得意とするのは、少量多品種のチリツモ作業。経理部における請求書の発行を見てみましょう。宛先や請求内容など、項目が微妙に異なる請求書を一枚ずつ発行する業務は、少量多品種業務の典型です。ある会社では、数百枚の請求書発行業務をＲＰＡに委ねたことにより、それまで数日かかっていた作業が数秒で完了するようになったといいます。

ただし、人がやるべきことまでＲＰＡに任せてはいけません。例えば、「計算間違いがないか？」などの単純チェック作業はデジタルレイバーに任せられますが、「請求内容と実業務が合致しているか？」といった判断を必要とするチェックは、必ず人が行いましょう。

一緒に働くロボットのことをよく理解し、仲間だと認識していれば、容易《たやす》いことです。

# 人とRPAとシステムの共存

第四次産業革命（P19参照）にあっては、人とRPA、そしてシステムの共存が急務です。守備範囲と得意分野で棲み分けることで、より生産性を高めていきます。

| | RPA導入前 | RPA導入後 |
|---|---|---|
| 請求書受領／入力 | **約30時間**<br>請求内容入力作業<br>（600枚×3分／枚） | **1時間**<br>例外処理<br>（20枚×3分／枚） |
| | ＋ | ＋ |
| 照合・照会 | **約31時間**<br>・照合用リスト作成：約2時間<br>・目検チェック作業：約27時間<br>・照合結果リスト作成：約2時間 | **約2時間**<br>・照合用リスト作成：約1.5時間<br>・目検チェック作業＋照合結果リスト作成：約0.5時間 |

合計 約61時間

合計 約3時間

約95%の業務所要時間削減を実現!!

2-10

# 導入と定着を成功に導く「体感」

RPAの導入と定着のために必要なことを確認しましょう。「RPAってこの程度なのか」と幻滅しないためにも、正しい姿、正しい接し方を知る必要があります。

## 「成功体験」と「例外処理の体感」

RPAの正しい姿を知るためには、2つの相反する経験をする必要があります。**まず1つ目は、成功体験です。**RPAが、煩雑かつ生産性が低く、異常に時間のかかる業務を、スピーディーかつ正確に行ってくれる感動を、ぜひ体感してみてください。

次に、**例外処理を体感**します。教えていない例外が入ってくるとRPAの処理は止まりますが、これはバグではありません。RPAは、例外の発生を報告しているだけ。あらかじめ、例外発生時はスキップ&人によるカバーで運用することになっているので、あとからRPAに適切な処理方法を教育する必要があります。これが「業務変化発生の体感」です。

## 定着化のための5つの視点

左図をご覧ください。RPAを導入し、そして定着させるためには、「運用の視点」「ロボット対象作業の抽出」「ロボット企画・立案」「デジタルトランスフォーム」「RPAソフトウェアの選定」の**5つの視点が必要**です。

ポイントとなるのは、**対象作業の抽出**です。「大量少品種」は、IT（業務システム）に任せ、手間はかかるが生産性の低い「少量多品種」のチリツモ業務こそ、RPAに任せます。**人が面倒と感じる業務にこそ、RPA活躍のチャンス**があります。このように、RPA導入にあたっては、RPAの価値体感と正しい理解が必要なのです。

## RPAが得意なチリツモ業務を見極める

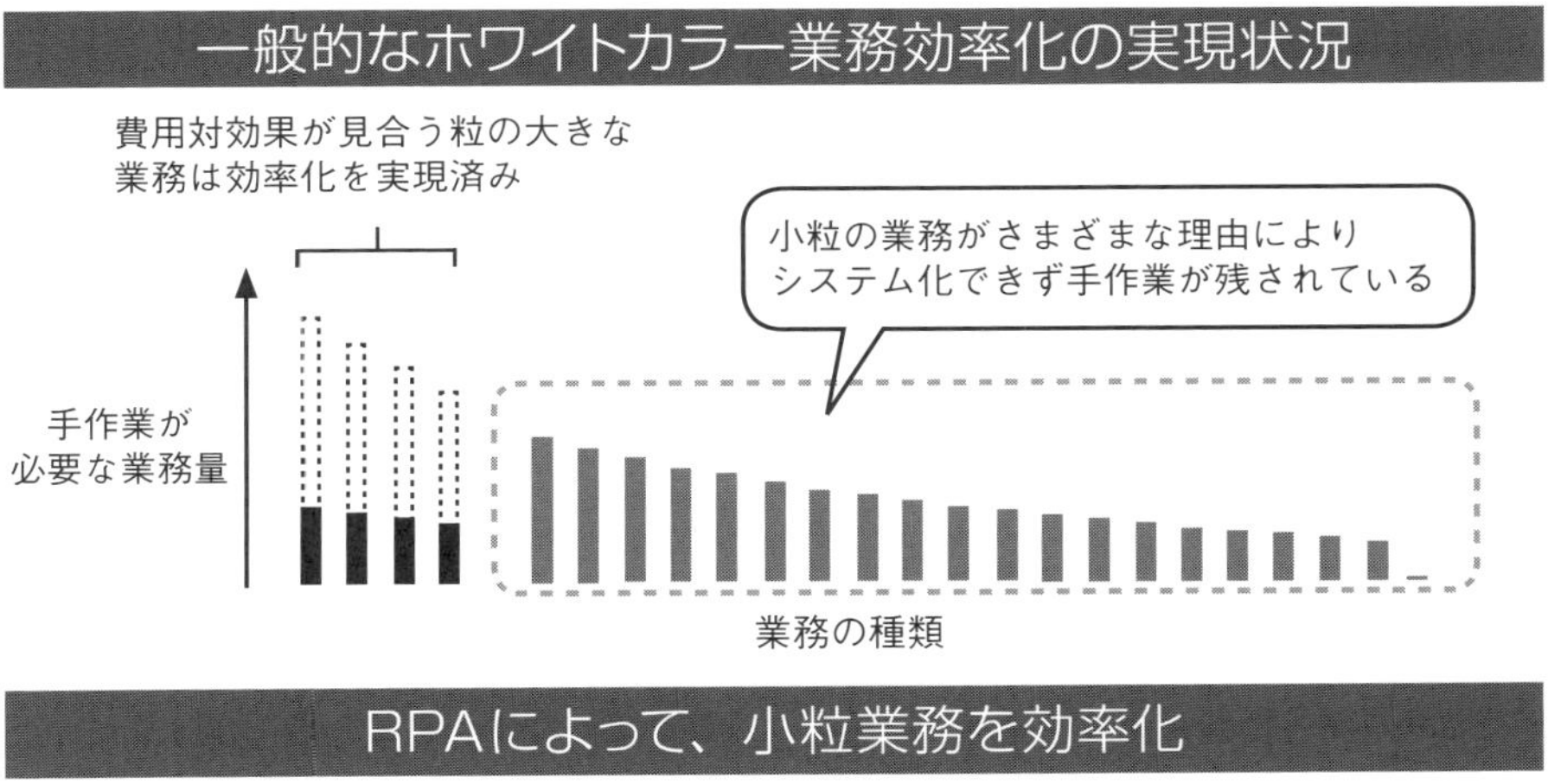


出典：アビームコンサルティング株式会社 RPA方法論を参考にRPA協会作成

システム化できず、人が仕方なく行っている作業はたくさんあります。こういった作業に時間を取られて疲弊していくよりは、空いた時間でほかのことをこなしたほうがよっぽどいい仕事ができるはずです。

## RPA定着化に向けた5つの視点

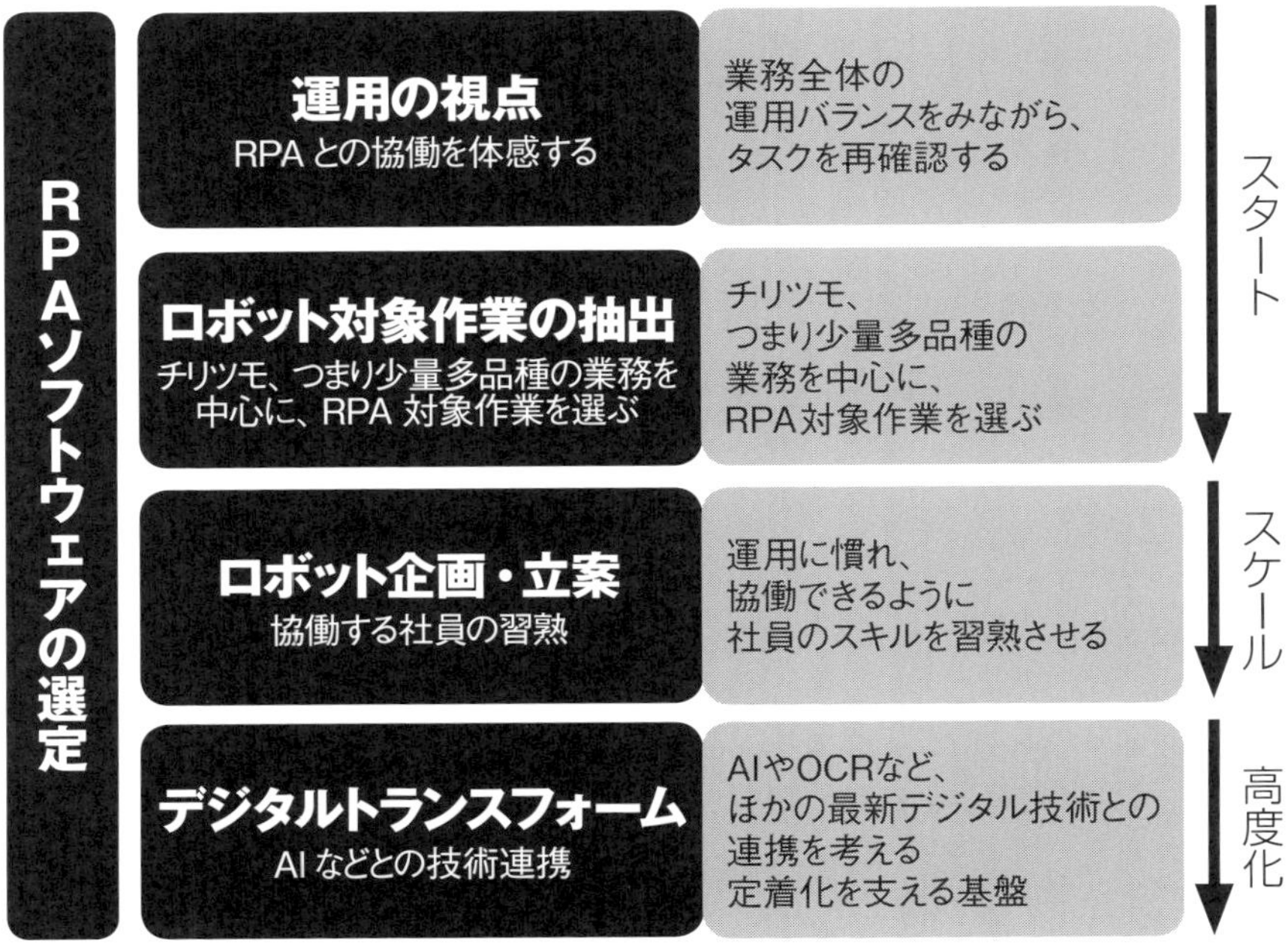

2-11

# RPA導入における拡大期の課題

企業がRPAを導入し、テスト運用から安定稼働へ向けて社内各部署で拡大していく時期における課題について、あらためて考えてみましょう。

## 社内拡大期に直面する課題

ＲＰＡに限らず、システム導入時には「人と組織の壁」という課題に直面するものです。

導入時には、ＩＴリテラシーが高く理解も深い厳選メンバーがとくに集まりますが、展開する際には、意識も知識もバラバラの人たちに、ＲＰＡを利用してもらう必要が出てきます。そういう状況で、ＲＰＡが社内に定着するために、大切なことは何でしょうか。

## 専門家だけに頼りすぎない

ＲＰＡは日常業務で利用されるものです。それなのにメンテナンスやフォローを、情報システム部や、外部コンサルタント、システム開発会社など、外部の専門家に１００％頼ってしまったとしたらどうでしょう。プロジェクトを推進するうえで費用対効果が合わなくなり、結果、プロジェクトそのものが中止となったり、手作業に戻ったりすることになりかねません。ＲＰＡ関連のプロジェクトは、あくまで社内主導で進めるのがベストです。

そのためには、初心者でもわかりやすいツール選定と教育コンテンツを用意し、ＲＰＡ人材を育成していくことが大切です。ただし、ＲＰＡを製作できる人材が増えることで、勝手にＲＰＡがつくられてしまう〝野良ＲＰＡ〟が増殖する可能性もあります。

スキルと内部統制上におけるルールの把握、両方を備えた人材を育成することで、健全なＲＰＡ活用と拡大が進んでいくのです。

# 企業内における RPA拡大を阻む4つの壁

RPAに関するテクニカルな知識と正しい運用ルール、社内ルールなどを備えた人材を、社内において育成することが大切です。

**RPAが壊れたとき…**

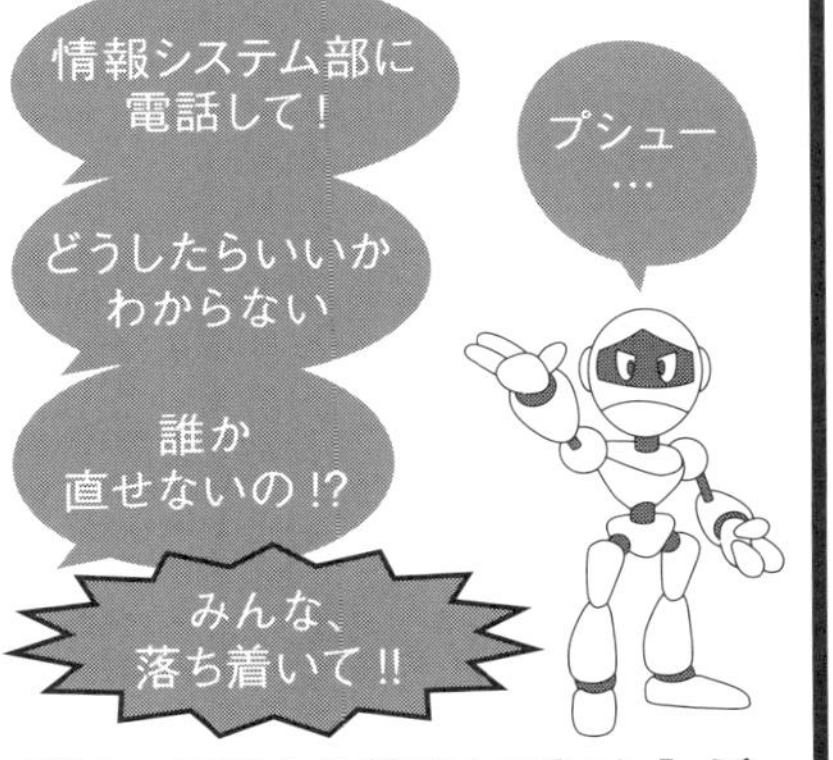


**壁1：RPAを修理できる人が身近にいない**

**RPAが自部署に導入されても…**

**壁2：RPAに対する正しい知識がない**

**RPAサポートを外部に頼んだが…**

**壁3：外部コンサルタントやシステム会社にサポートを頼んだが、費用が高すぎて気軽に相談できない**

**RPAにすっかりなじんだわが社内…**

**壁4：野良ロボットが増殖し、管理統制上問題が生じている**

2-12

# 海外における RPAブーム

ここで、海外でのRPAブームがどういうものか見ておきましょう。「人事」「デジタルレイバー」という捉え方は、全世界的なものだといえることがわかります。

## 海外で活躍するデジタルレイバー

世界各地において、人材における課題や、それに関連する要望などの形はさまざまに存在しています。デジタルレイバーは、このような労務課題を解決する旗手なのです。

### 中国

3K仕事やチリツモ仕事に、なかなか人材が集まらない。どうしても必要な仕事だが、コストはそれほどかけられないという現実がある。また、不正入力や改ざんなどをどう減らしていくか。この2つの問題を、ロボットは一気に解決する！

### 米国（北米）

強力なインターネット・サイバーワールドのビジネスパーソンだが、ネット上にあらゆるサイバーテロや悪質犯罪が横行し、さまざまなパトロールや見張り、チェックするためのロボットが欠かせない。ロボットを前提としたネットビジネスも盛ん。

### インドネシア

労働者保護意識がいささか過度で、「休む」といわれたら休暇を認めざるを得ない。出社してもらうためにランチやディナーを手配するなど、逆効果的な福利厚生が発生してしまう。行きすぎた制度を是正できない。

### シンガポール

人件費は年々高騰している。また、定型業務の多くが各国通貨への変更（両替）など、クリティカルで煩雑な事務である。駐在員や管理職が不慣れなまま代行することも少なくないため、ミスを頻発しやすい。

## 海外ではどんな点で注目を集めているのか

ヨーロッパや米国においてRPAが注目されはじめたのは2015年頃のことです。さまざまなカンファレンスが開催され、バズワードとして取り上げられるようになり、現在ではオフィス業務における定常処理や反復性のある業務を中心に導入が進んでいます。そのため、「バックオフィスオートメーション」※と呼ばれることもあります。

## 全世界的経済発展時代の新アウトソーシング

一方、工場が、人件費の安い中国やインドなどの海外に進出していったように、バックオフィス業務※の一部もBPO※として海外に委託されるようになりました。

BPOとは、ビジネス・プロセス・アウトソーシングの略で、企業が抱えている業務を外部委託することです。ところが労働力は高値となり、海外の工場などに委託したほうが安く仕上がるとは一概にいえなくなってきています。

こういった事情により、RPAが、BPOに代わる存在として認められつつあるという見方もあります。

日本におけるRPAの発展は、7つのキーワードでも取り上げた〝おもてなしの精神〟に立脚しています。そのため、諸外国とはひと味違う動きをみせているのです。

これまで賃金が安かった国や地域も、経済発展にともない人件費が高騰し、海外に委託したからといって以前のような経費削減効果が得られなくなってきています。RPAが注目を集め、ブームを呼んだ背景には、このような事情もあるのです。

また、RPAは標準化が行いにくく、属人化した業務（P30参照）にも対応することが可能です。つまりこれまでシステム化が見送られてきた業務にも適用することで、劇的な生産性の向上を図ることができることから、全世界あらゆる業界の注目を集めているのです。

また、外国人労働者も、もちろん、当然の権利として賃上げや休日を要求します。今までは労働力として生産性に寄与していましたが、コストが上がれば今までのようにはいきません。その点、RPAなら、昼夜を分かたず、同じ業務を遂行できます。

column 2

## RPAは決して間違わない？

あるECサイトにおけるエピソードをご紹介しましょう。

ある会社では、競合他社が展開するECサイトの価格調査を、RPAによって実施していました。その結果によって、自社ECサイト掲載商品が競合よりも高かった場合、自動的に値下げを行う処理をしていたのです。

あるとき、ECサイトが〝炎上〟する勢いで、ある商品に注文が入りました。担当者が慌てて確認したところ、通常10万円を超えるはずの商品が、7000円台に〝値下げ〟されていたことがわかったのです。

原因は、競合ECサイトにおいて、商品のJANコードが間違って登録されていたことでした。件のRPAはJANコードで商品を判別しています。そのJANコードが指しているはずの商品が、仮に冷蔵庫であったはずなのに、実は鉛筆だったとしても、RPAには区別がつきません。これはRPAのバグではなく、登録間違いを想定していなかった、運営側のエラーです。

RPAと協働をはじめると、このような想定外の事態が発生します。RPAの動きとしては間違ってはいなくとも、求める業務活動の目的とは違うことが行われてしまうケースです。

これをRPAのバグだと思ってしまうと、「RPAってこんなものなのか」とがっかりしてしまうことにもなりかねません。

けれども、RPAが止まる、もしくは予期せぬ動きをしてしまう場合には必ず、教えていなかったなどの理由があります。それはRPAの限界ではなく、想定できなかった人間側の問題なのです。

# 第3章

# 図解 RPA導入事例

## 驚くべき効果とキャラクターたち

ではここで、実際の導入事例を見ていきましょう。
RPAとのかかわり方は企業によりさまざまです。
RPAはいったいどんなところで活躍しているのでしょうか。

3-1

# RPAのインパクト①
# 効率化実現／人員シフト

RPAを導入した企業の実例を見ていただく前に、期待される効果について説明しておきましょう。まずは時短および人員削減。その効果は最大にして最速です。

## ソフトバンクにおけるRPA導入事例

**法人顧客からのモバイル申込受付**
（機種変更、台数追加含む）
**約15200時間削減！！**

| Before | After |
|---|---|
| 38分 ×24000回<br>（@1回）　（発生回数）<br>＝15200時間／年 | 0分 ×24000回<br>（@1回）　（発生回数）<br>＝0時間 |

**法人顧客からのタブレット申込受付**
（デバイス管理機能の設定あり）
**必要人員を半減！！**

## RPAのもつ圧倒的な迫力

世の中にはさまざまな業務削減手法があり、そのために必要なシステムも開発されていますが、まず第一にRPAはシステム開発に較べてすごくお手軽だという魅力があります。

しかも、新規の業務システム導入の平均予算と比較すると、RPAは圧倒的に短納期かつ安価に開発が可能です。

## 人の力だけでは実現不可能な業務改革

さらに、RPA導入対象として適した業務は、定常処理や反復性のある業務です。実はこれは、人間が苦手とする領域なのです。

想像してみてください。システム間でデータのコピー&ペーストをただ単純に繰り返すだけといった業務は、誰にとっても苦痛であり、退屈でしかありません。そして、こういう単純作業ほど、人は集中力を失いやすく、ミスを犯しやすいものなのです。

一方で、RPAは、このような作業がとても得意です。間違えることは絶対になく、おそろしいほど速く正確にこなします。

ソフトバンク株式会社では、モバイルやタブレットなどの端末の受付を、RPAによって自動化しました。その結果、年間約1万5000時間の作業量を効率化することができたうえ、必要人員も減っています（P70参照）。

このようなRPAの驚くべき効果とその事例を、本章で詳しくご案内していきます。

### 成長領域へ人材シフト

RPAを導入することによって、自動化できるタスクとできないタスクに、くっきりはっきりと分かれます。

タスクを自動化したあとは、プロセスを再定義することで、クラウドやロボット、AI、WeWorkなどの成長領域に、あらためて人材を創出するということが可能になるのです。

# 3-2

# RPAのインパクト②実り多い人生のために

時給いくらで給料がいくら。そんなやり方から抜け出すための扉を、RPAは開いてくれます。短時間で絶大な効果を上げて報酬アップという幸せな働き方が可能になるのです。

## 実働7時間週休3日で給料アップ

「日本で、いちばん幸せな会社を目指す」。こんなスローガンを抱えてＲＰＡの導入を決めた企業があります。結果的にわかりやすい例でいくと、導入後3か月で業務終了時間が1時間早まったのだといいます。

　このスピード感と圧倒的な効果が、まさにＲＰＡのもつインパクトです。今後、この企業では、さらなる時短を目指してチャレンジを続けていきます。

「早く帰る」「休みが多い」というところばかりに目がいきがちですが、ここで大切なことは、業績はアップしているということ。社員の給料は減らずにそのままか、アップしているという事実です。

## 仕事を通してなりたい自分になる

　なぜ、こんなことが可能かというと、仕事を評価することの、本来の意味に立ち戻ったからだといえます。仕事は本来、時間に換算されるものではなく、成果と責任の重さで評価されるべきものです。

　これからの働き方に、タイムカードはいりません。時間から解放されることで、純粋に本来の「仕事」に集中できるようになるでしょう。

　また、ＲＰＡと協働するもっとも大きな効果は、ホワイトカラーが雑多な業務から解放され、より創造的で価値のある業務に邁進《まいしん》できることにあります。

　仕事ではなくても、趣味でも家事でも、いろいろなことができるようになります。

# RPAが実現する幸せの構図

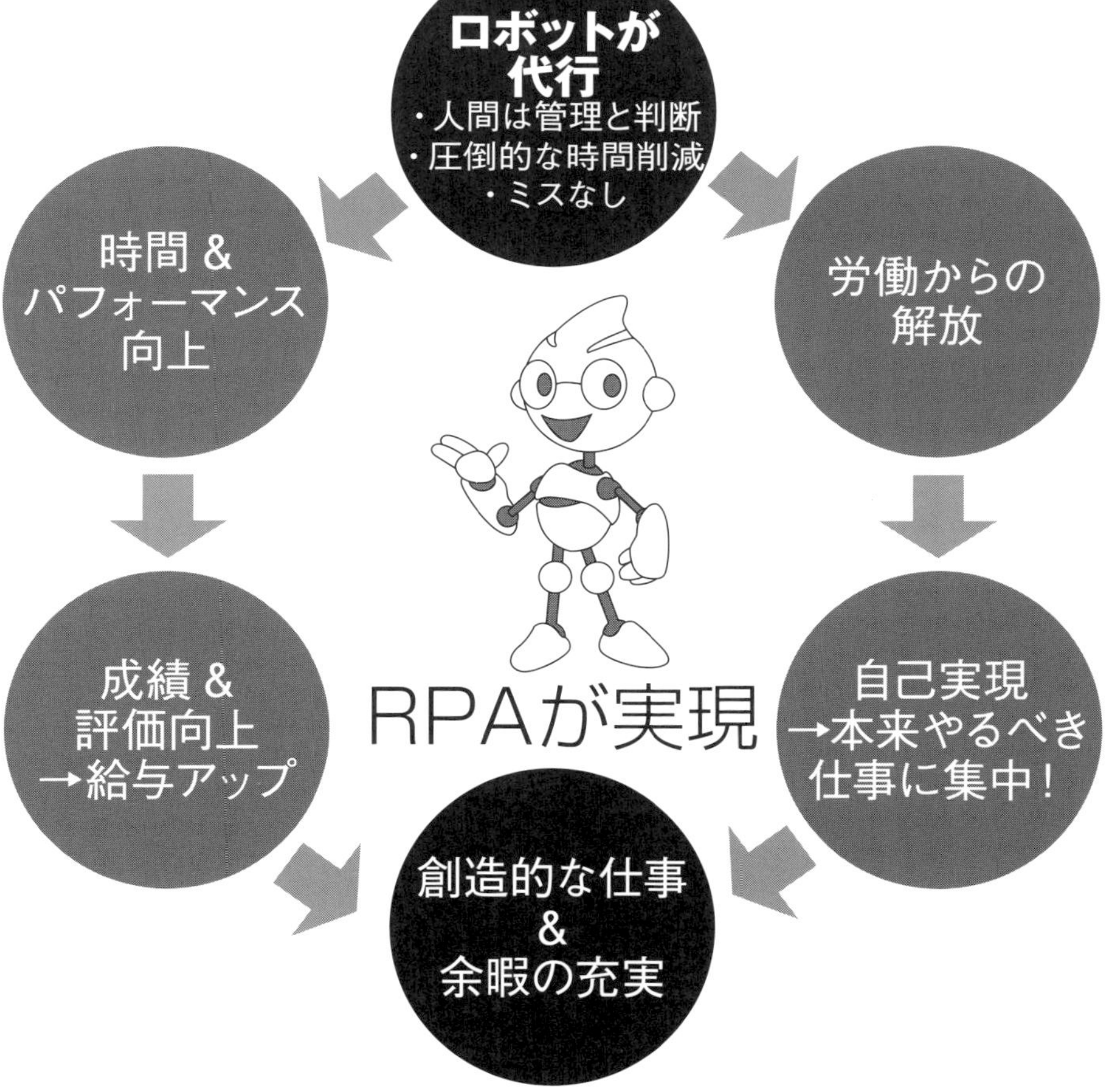


## RPAで自然と働き方が進化する！

勤務時間の短縮、給料アップは、決して幸運に恵まれた例外的な事例ではありません。RPAと協働すれば、仕事を通じて幸せを実現することができる可能性が生まれます。RPAがもたらす幸せな働き方は、給与アップや時短勤務など、即物的な面ばかりではないのです。

3-3

# RPAのインパクト③ 増殖するロボットたち

RPAを導入した企業の多くは、名前をつけて（擬人化）、キャラクターを構築（可視化）します。これもRPAの特徴であり、魅力なのです。

## PCのなかでのみ活躍する実体のないロボット

　ＲＰＡとは「ロボット」であり、「デジタルレイバー」という仲間であって、単なるシステムではないということを、１章・２章では繰り返し説明してきました。

　ただし、「ロボット」と聞いたときに私たちが何となく思い浮かべるような実体は、ありません。この本のなかではＢｉｚＲｏｂｏ！くん（Ｐ２参照）が繰り返し登場しますが、実際のＲＰＡは、ヒト型ロボットではありません。ＰＣのなかにいて、ＰＣのなかでのみ活躍する形式のロボットなのです。

## 仮想の存在を擬人化し、可視化する

　次に、デジタルレイバーという側面から考えてみましょう。ＲＰＡとは仮想知的労働者ですから、その役割は人間の代行です。人間の代行であるならば、既に最適化されているシステムと違って、変化に強くなければなりません。そのうえ、一緒に働くのですから、仲間です。今まで自分たちがてこずっていたチリツモ仕事や３Ｋ仕事から解放してくれるのですから、愛着がわいたり、感謝したりするのは自然の流れであるといえます。

　こうした発想から、デジタルレイバーをきちんと認識するため、ＲＰＡをキャラクター化しようという動きが生まれました。擬人化し、可視化することで、仕事の分担もイメージしやすくなるという利点もあり、ヒト型であることも幸いして、「一緒に働いている」という実感も得やすくなったのです。

# 続々登場するヒト型ロボット

とはいえ、あくまでRPAには実体はありません。すべて愛すべきキャラクターです。一緒に働く仲間として、彼らは姿形をもつようになりました。キャラクター図鑑はP78からの事例でじっくりお楽しみください。

株式会社MAIA（P78参照）のロボ香と株式会社グッドライフ（P94参照）のチアは、なんと親友どうし。2人は日本全国のRPAを盛り上げるという共通した思いにより、意気投合しました。また、チアはおっちょこちょいの博士によって偶然生み出されたという誕生のストーリーを背景にもたせています。このように肉づけされ、より存在感のある愛されキャラとなっていく例もあります。

## ロボット図鑑 1

### ソフトバンク株式会社

# 社員一人ひとりの生産性を向上する

「残業を減らし、かつ生産性を上げろ」と要求する会社に対し、業務内容も量も変わらないのが現実。このギャップを埋めたのがRPAだった、という実例がありました。

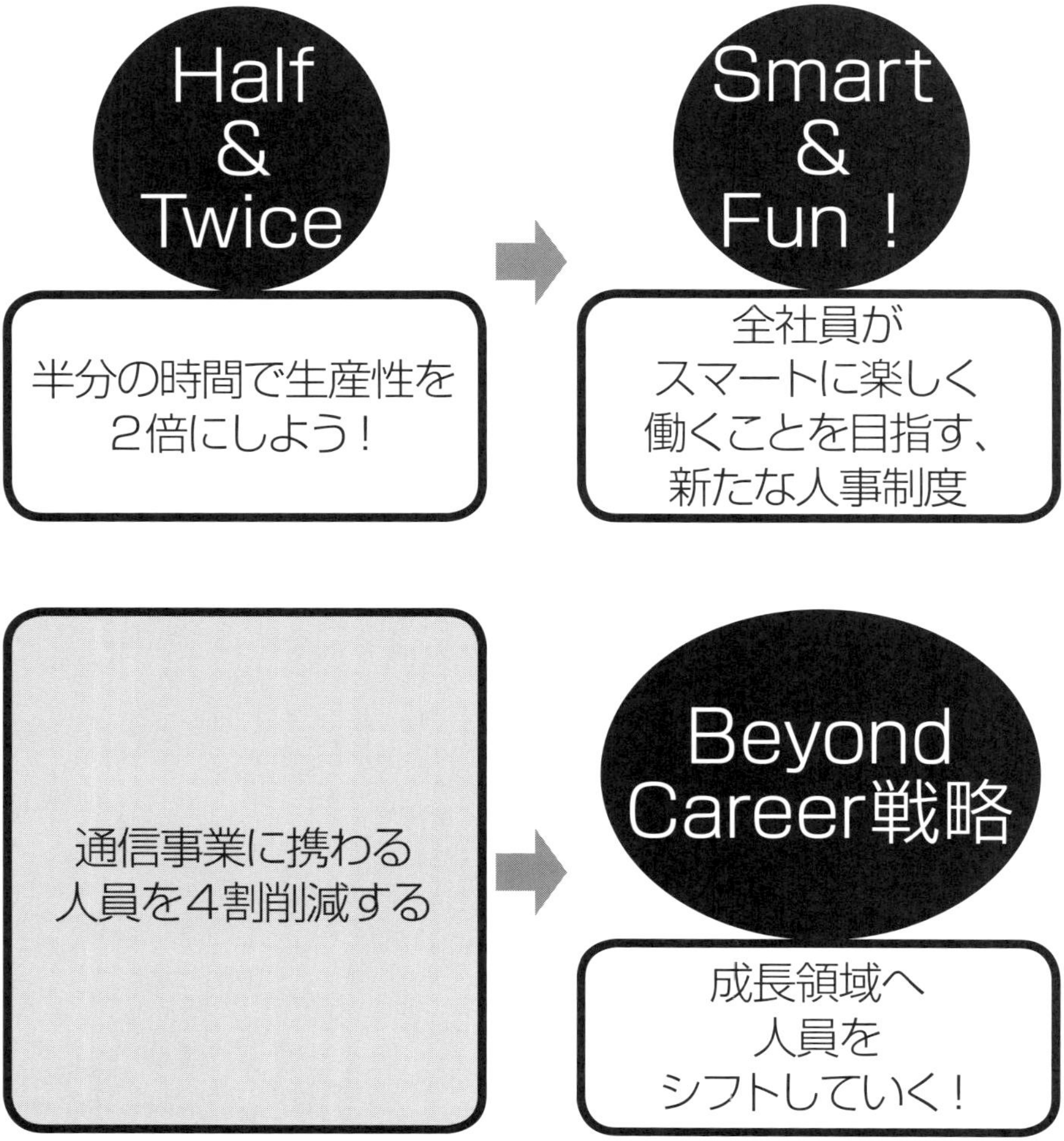


数字的な目標が半分、2倍、4割削減と、具体的に出ていることで、目指すところがわかりやすくなっています。AIやRPAとともに働いていくという未来は、もう変えることはできないでしょう。

# RPAプロジェクトは現在、AIプロジェクトとともに2000件を超える

## 仕事がそのままなら残業時間は減らせない

※コンプライアンス意識の高まりから、生産性の高い働き方が求められています。かつて残業は会社から強いられるものでしたが、今や、会社から残業を禁じられる時代です。

しかし、業務内容、あるいは業務量が変わらなければ、残業を減らすことはできません。「時短ハラスメント」という流行語さえ生まれてしまう現在、RPAへの期待が高まっています。

## 真に提供したいサービスが提供可能に

「Half&Twice」という社内スローガンは「半分の時間で生産性を2倍にしよう！」というもの。しかし何の策もなしに、これを実現することはできません。同社では「ITの力を駆使して働き方を変えていく」と説明し、AIやRPAを用いて効率化を実現することを目指しています。そして空いた時間でより創造的な仕事ができるように、付加価値の高いスキルを身につけることを求めているのです。

効率化を社員に求めるのであれば、そのための武器も必要となります。戦う術がないのに、勝つことは誰にもできません。RPAは「働き方改革」において欠くことのできない〝武器〟となる可能性をもっているのです。

### 会社概要

**ソフトバンク株式会社**

| | |
|---|---|
| 代表者 | 代表取締役社長執行役員兼CEO<br>宮内　謙 |
| 会社設立 | 1986年12月9日 |
| 事業内容 | 移動通信サービスの提供、携帯端末の販売、固定通信サービスの提供、インターネット接続サービスの提供 |
| 従業員数 | 約17200名（2018年3月末現在） |

### お話を伺ったのは

**上永吉　聡志**氏
ソフトバンク株式会社　プロセスマネジメント本部　副本部長兼RPA推進室室長。社員一人あたりの生産性を向上させるため、今後さらにAIやRPAの利用を拡大していくそう。現在、合計2000件を超えるRPA関連プロジェクトが進行している。

## 住友林業情報システム株式会社

# ロボットがもたらすものは、幸せな働き方

「RPAは単なるコスト削減ツールではない」。住友林業情報システムの成田氏はこういい切ります。従業員と会社、ひいては取引先にも幸せをもたらす同社のRPA活用とは？

## 住友林業情報システムにおけるRPAの取り組み

ロボットパーツ化の例「検索条件に合致する帳票を印刷する」

▶通常のRPAロボット

▶同社の RPA ロボット

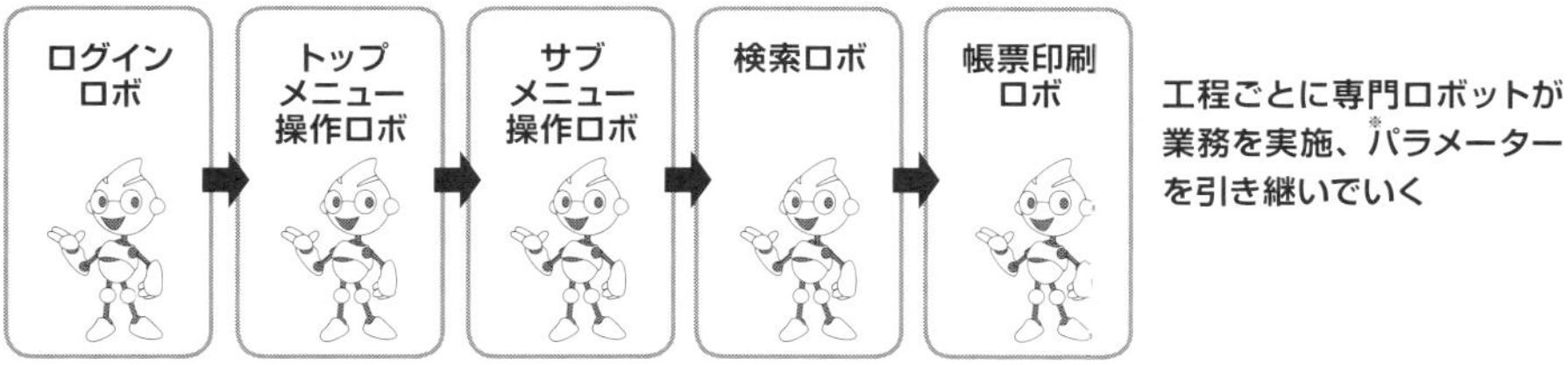


同社では RPAとの協働により、時短勤務や在宅勤務に積極的に取り組んでいる。RPAが業務の下準備や、チェック業務などを行うことで、働き方の多様化を実現できた。

**時短勤務者の声**

- 家庭と社会の両方に役割があり生きがいを感じる。
- 限られた時間のなかで与えられた業務を行うことでムダな時間がなくなった。
- 時短勤務であっても働けることによって金銭的に助かっている。
- 家庭にストレスを抱えなくなった。
- 通常勤務よりも達成感を多く感じるため、仕事でも家庭でもやりたいことが増えた。

**会社としても、子育てや介護などでフルタイム勤務の難しい優秀な人材などを確保できるメリットを感じている**

**RPAで下準備済みの仕事をお願いしているが、もともとが優秀な方々なので生産性がとても高く、会社としても助かっている**

# 単なるコストダウンや効率化を超える RPAの本質的な効果を考える

## ロボットのパーツ化による業務のスリムアップ

現在当社では、RPAにより月あたり200時間以上の業務削減を実現しています。住友林業グループにおいては、ドライブレコーダーと連動した運転日報や運転指導月報の自動化などにあたり、1000時間以上を削減し、さらに1万時間の業務削減を目指しています。

しかし、RPAの本質は業務効率化やコストダウンではありません。

RPA導入は一連の業務をロボット化するのが目的ですが、当社では、操作の種類ごとにロボットを用意する、〝ロボットのパーツ化〟に取り組んでいます。これによってRPA製作効率と品質を高め、メンテナンスを効率化することができました。

同時に、当社グループおよび取引先への事務用ロボットのレンタルサービスにも取り組み、グループ内での有効利用と取引先への付加価値サービスの役目を担っています。

## 人に起因するリスクの軽減

人はミスを犯します。仕事でストレスを感じれば辞めますし、昨今では採用コストの増加も頭の痛い課題です。こういった「人」起因のリスクを、RPAは軽減します。これこそが、コストダウンや業務効率化を超えるRPAの本質的な効果ではないでしょうか。

### 会社概要

**住友林業情報システム株式会社**

| | |
|---|---|
| 代表者 | 代表取締役執行役員社長　金森　朗 |
| 事業内容 | 情報システムのコンサルティング、システムインテグレーションサービス、ソフトウェア開発、ネットワークソリューションサービス、ヘルプデスク、IT教育、EDIサービス |
| 主要販売先 | 住友林業、住友林業グループ各社、住友林業取引先ほか |
| 従業員数 | 128名（2018年4月1日現在） |

### お話を伺ったのは

**成田　裕一**氏
住友林業情報システム株式会社　ICTビジネスサービス部　シニアマネージャー。RPAがデジタルレイバーであることを考えるとあまり「ツール」という言葉は使いたくないが、経営全体に影響を与えるインパクトをもっている、可能性あふれる“ツール”であることも事実。

## ロボット図鑑 3

## ヤフー株式会社

# 「間違わない」という価値

国内最大級のポータルサイト Yahoo! JAPAN などを運営するヤフー株式会社では、経理業務や購買業務をRPA化しています。結果、工数削減はもちろん、エラー率も低減しました。品質向上という、企業の評価に直結する結果を生み出しているのです。

## RPA導入前

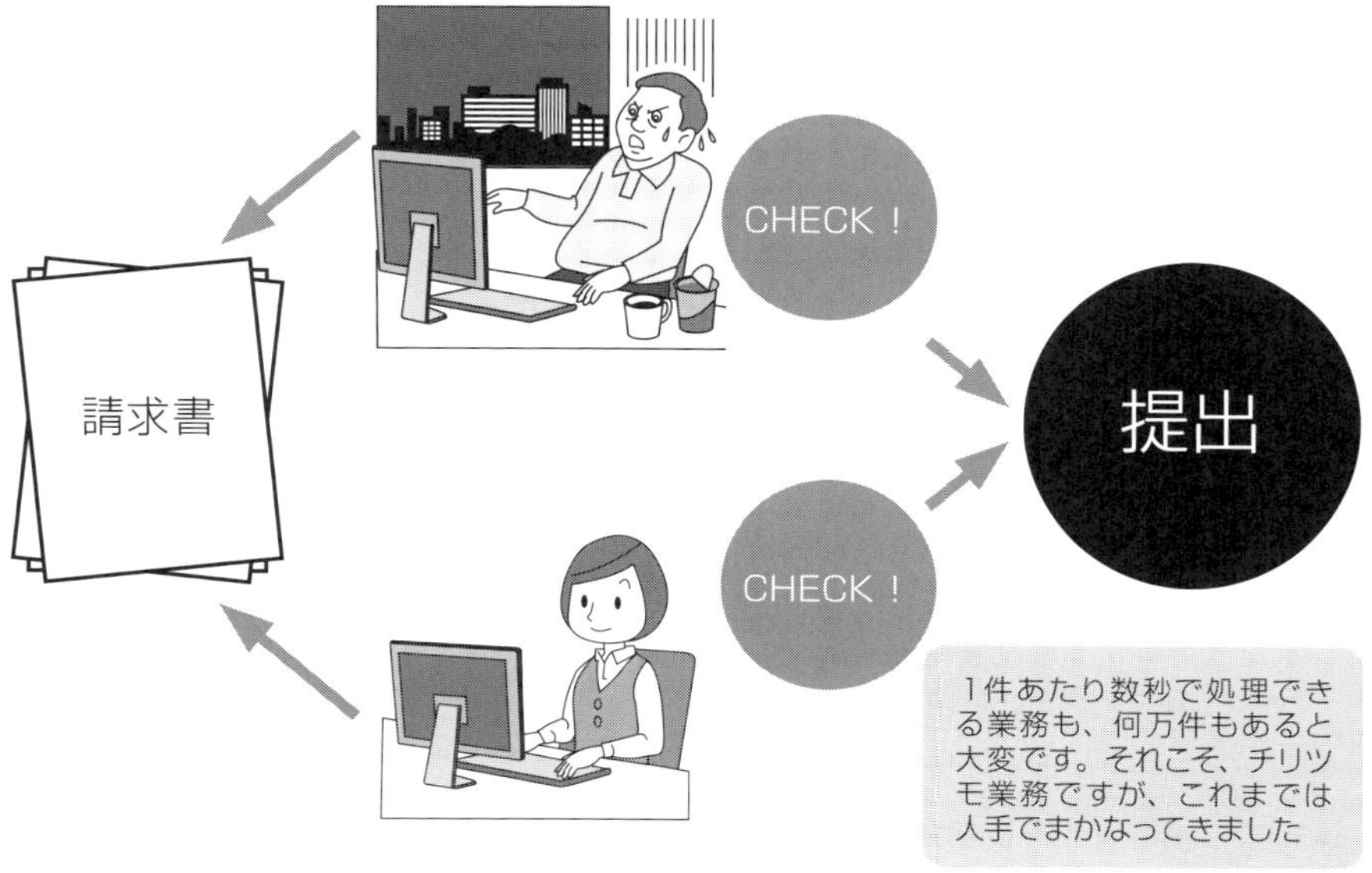
請求書
CHECK！
CHECK！
提出
1件あたり数秒で処理できる業務も、何万件もあると大変です。それこそ、チリツモ業務ですが、これまでは人手でまかなってきました

## RPA導入後

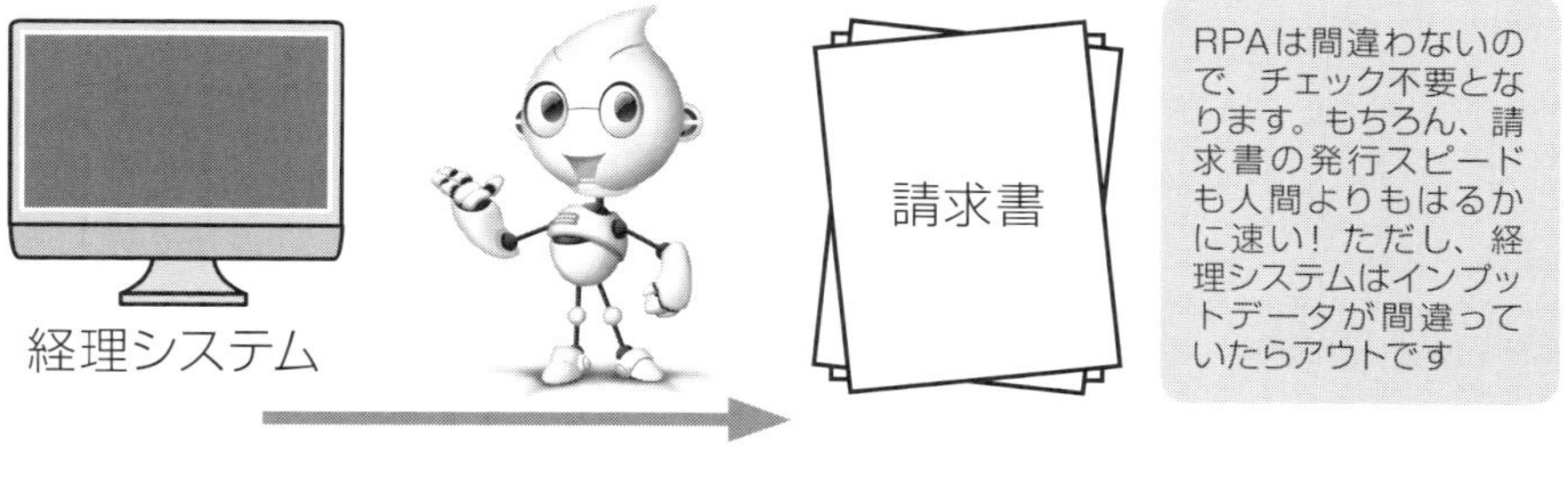
経理システム
請求書
RPAは間違わないので、チェック不要となります。もちろん、請求書の発行スピードも人間よりもはるかに速い！ ただし、経理システムはインプットデータが間違っていたらアウトです

# RPAは人が扱う補助ツールより新たな価値を創造することができるはずです

## ダブルチェック不要のメリットは大きい

RPAを知ったのは、この本の著者である大角暢之氏の講演でしたが、聞いた瞬間、「これはいける！」と直感しました。

例えば、経理、財務、購買などの業務では、何人もの人を使って行うダブルチェックが欠かせません。項目数が多いため、このダブルチェックに要する時間も膨大なものになります。しかし、RPAは処理を間違うことがありませんので、チェックが不要になります。当社では月あたり2000時間以上の工数削減とエラー率低減による品質向上効果が生まれています。

## 開発に関しては課題もあるぶん期待感もある

一方、開発に関しては課題もあると感じています。開発ツールのもつクセに対応できる人員はもちろん、そもそも開発ができる人員が少なく、容易に開発できる環境が整っていません。

また、導入初期はどうしてもスタックがつきものなので、開発者はくじけない心が必要です。機械が止まるからといっていちいち落ち込んでいては務まりません。

このような課題もありますが、業務品質を飛躍的に向上させてくれる欠かせないツールであることは確かです。

### 会社概要

**ヤフー株式会社**

代表者　代表取締役社長　川邊　健太郎

事業内容　インターネット上の広告事業、イーコマース事業、会員サービス事業など

連結子会社数　43社（2018年6月30日）

従業員数　6611名（2018年9月30日現在）

### お話を伺ったのは

**林　直樹**氏

ヤフー株式会社 経理本部経理部兼業務変革推進部。「RPAやAIの導入を検討する際に必ずささやかれる『人の仕事が奪われる』という論争は的外れ」と語る。今後の課題は「開発者の教育とセキュリティ」。

## ロボット図鑑 4

### 株式会社エイチ・アイ・エス

# 新技術こそお客様のために使う

RPAといえば、バックオフィスでのサポートなど間接部門で利用されるイメージがありますが、株式会社エイチ・アイ・エスでは、営業活動のサポートとして大活躍中です。顧客満足度向上につながる事例を挙げました。

## RPA導入前

ホームページからの予約が増えると、手配を行う人員の増強が必要でした。目の前の予約を遅れずに正確に手配することに全力を注ぐ日々でした。

## RPA導入後

予約の手配スピードと正確さが向上し、目の前の仕事に追われなくなりました。時間と気持ちに余裕が出てきて「お客様のためにできることは何か？」と社員どうしが議論をする時間が増えました。

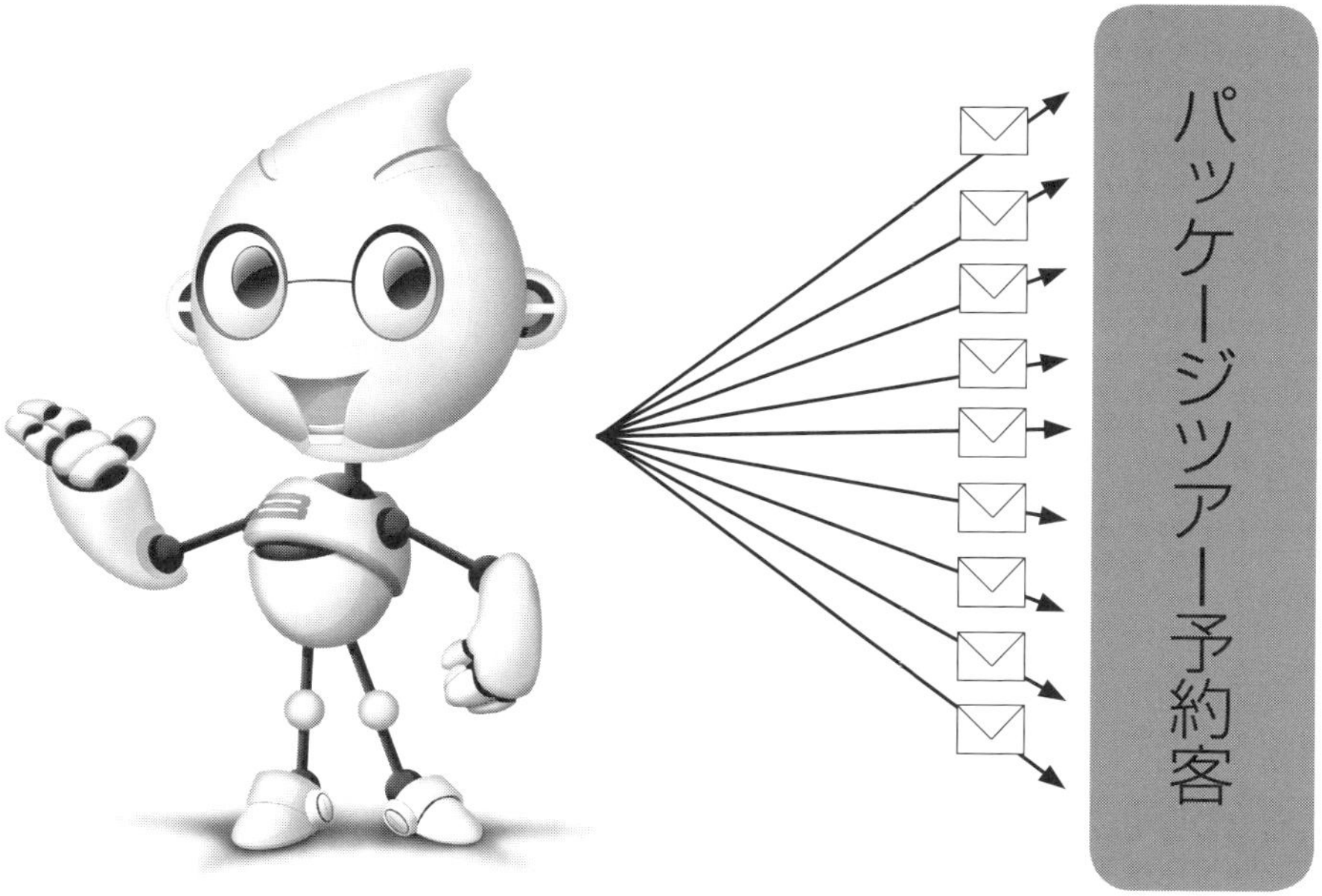


航空会社やホテルがはじめから決まっていないパッケージツアーは、「最終旅行日程表」で通知するのが通例です。一方で、「航空便やホテルは決まりましたか」とお問い合わせいただくことが多いのも事実。それを知った手配担当社員たちは、「最終旅行日程表」の交付日を待たずに、RPAを使って航空便やホテルをお客様にお知らせするサービスをはじめました。

# お客様との接点である営業業務に積極導入 内向き業務を削減してお客様に寄り添う

## 即時効果で社内展開が容易に

3年前、RPAを導入しました。ホームページからのツアー予約の手配業務が、ロボットの最初の仕事です。ホームページからの予約は伸びており、RPAは正確かつスピーディに大量の処理ができるので、この業務との相性がいいという確信がありました。

導入決定から稼働開始までにかかった期間はわずか1か月あまり。年間でもっとも忙しいセールの予約手配で、高い処理能力を発揮しました。

この成果により、RPAに積極的に任せるという意識が高まり、他部門への展開が進みました。

## 本当の「仕事」をするためにPCに向かう時間を減らす

パッケージツアーの企画担当者はいい仕入れができると、その日のうちに新商品にして、お客様に早く届けたいと考えます。

新商品発売前に登録するデータの量は多く、夜遅くまでPCに向かう必要がありました。

RPAの導入で、商品データ登録は、企画担当者が会議をしている間にも進むようになりました。

PCに向かってデータ登録を行う時間は減り、海外支店や航空会社と新しいサービスを考えることに向けられる時間が増えています。

### 会社概要

**株式会社エイチ・アイ・エス**

| | |
|---|---|
| 代表者 | 代表取締役会長兼社長執行役員（CEO）<br>澤田　秀雄 |
| 会社設立 | 1980年12月19日 |
| 関連会社 | 旅行事業　テーマパーク事業、<br>ホテル事業他　全191社 |
| 事業内容 | 旅行代理店 |
| 従業員数 | 17054名（すべてのデータは<br>グループ全体 2018年10月31日現在） |

### お話を伺ったのは

**江間　優**氏

株式会社エイチ・アイ・エス　海外全国業務改革推進グループチームリーダー。「エイチ・アイ・エスは『どうしたらお客様に喜んでいただけるのか？』を常に考えている会社」。お客様のことを考える時間と心の余裕をつくってくれたことがRPA導入のいちばんの功績であると話す。

# ロボット図鑑 5

## 株式会社 MAIA

# ロボ香

RPA女子プロジェクトを推進する企業だけに、キャラクターもやはり女性。開発教育やサポート、そして人材派遣といった形で、RPAを守り立てています。手にもっているのはさまざまな業界の象徴。たくさんの業界を、MAIA が1つの輪にします！

ホスピタリティが高く、サポート力もバツグン！
自分らしい仕事に邁進する女性をお手伝いする

**特徴**
明るく、活発。アネゴ肌で、頼まれると嫌とはいえない性格。

**弱点**
涙もろい。割とすぐに泣く。反面、笑い上戸でもある。

ロボプロフィール

ロボ香
ホスピタリティ：最大にして最高
☆☆☆☆☆
得意技：笑顔
☆☆☆☆
呪文：パルプンテ
☆☆☆

**チャームポイント**
キュッと結ったポニーテール。スポーツ女子っぽいキレイに浮いたアキレス腱。

# すべてのRPA女子を引っぱっていく頼りになるお姉さま

## 誰もがあたり前に活躍できる社会へ

当社では「RPA女子プロジェクト」を推進し、RPAエンジニアを育成するためのオンライン学習カリキュラムを提供しています。

今、まさに社会は大きな変革の時期を迎えています。女性も男性も隔てなく、誰もがあたり前に活躍できる社会を実現するためには、例えば子育てや介護を行いながらでも働くことのできる環境を用意する必要があります。

私たちは、主体性をもった働き方、生き方を望む人たちに対し、RPAエンジニアという、今、社会から望まれているスキルを身につけるための教育を提供しているのです。

## スキルを身につけ自分らしく生きる未来を！

一方、注目とニーズは高まっているものの、健全で優秀なRPAを製作するスキルをもったRPAエンジニアは、圧倒的に不足しています。そのため、RPA女子の育成は急務であると考えます。

テレワークで場所や時間を問わず働くことのできるRPA女子というライフスタイルによって、一人でも多くの方々が「自分らしく生きる未来」を自らの力で創造し、つかみとるお手伝いができればと考えています。

### 会社概要

**株式会社 MAIA**

| | |
|---|---|
| 代表者 | CEO　月田　有香 |
| 会社設立 | 2017年11月28日 |
| 事業内容 | RPA導入企業向け教育コンテンツ・サービスの提供、コンサルティング、開発、運用支援など |
| コンセプト | 人生100年時代に、“自分らしく生きる”未来を、共に創造する |

### お話を伺ったのは

**月田　有香**氏
株式会社 MAIA　CEO。
RPA女子プロジェクトのキーパーソンであり、RPA女子たちのお姉さま的立場。ちなみに「ロボ香」は、月田氏の名前から一文字もらっていますが、実はモデルはほかにいる、という噂も……。

ロボット図鑑 6

## 株式会社エネルギア・コミュニケーションズ

# EneRobo（エネロボ）

導入から運用サポートまでワンストップで任せられるエネルギッシュなパートナー、エネロボくん。セキュリティや災害対策は万全、ネットワークからクラウドまで総合的な IT 技術でサポート。さまざまな企業で、劇的な効果を生み出しています。

パワー満タン、仕事推進の原動力！
さまざまな顧客の要求に応える

**特徴**
元気一杯。体力に自信アリ。

**弱点**
つぶらな瞳で真面目な性格だが、一度ハマると突進するいのししタイプ。

ロボプロフィール

EneRobo（エネロボ）
生命力：最大
☆☆☆☆☆
得意技：人助け
☆☆☆
趣味：パソコン
特技：カラオケ

**チャームポイント**
ジェスチャー豊かで、人懐こい性格。誰とでもすぐ仲良くなれて、人情が厚い。

# あらゆる現場で仕事をこなせる万能型ロボ 社内随一の働き者

## 顧客に役立つエネロボくんを提供

私たちはRPAのサプライヤーとしてエネロボくんをさまざまな企業に提供しています。

彼にはじめて出会ったとき、初対面ながら「彼は時代を変える」と感じました。長年私たちは、お客様向けのシステム開発や運用サポートを行ってきましたが、ITの活用にはまだまだ多くの手作業が必要です。労働力不足が懸念される昨今、彼の活躍の場はどんどん大きくなっていくはずです。

しかし、そんな彼にも弱点がありました。どんなシステム操作やレコーディングもそつなくこなせると思ったら、完全自動化はやはり難しい。例えば、未熟なロボットは、教えていないことに出くわすと作業を止めてしまいます。彼が活躍し、十分な効果を上げるには、例外時の設計や標準化などでサポートする必要があるのです。

## どんな部門にも対応できる柔軟性が魅力

今でもIT技術と混同され、過剰な期待もされがちです。しかし、既存システムの改修を必要とせず、人の作業をあっという間に肩代わりしてくれるデジタルレイバーは、さまざまな業務を代行し、劇的な効果を生む強力なパートナーであるとご評価いただいています。

### 会社概要

**株式会社エネルギア・コミュニケーションズ**

| | |
|---|---|
| 代表者 | 取締役社長　熊谷　鋭 |
| 会社設立 | 1985年4月1日 |
| 株主 | 中国電力株式会社 |
| 事業内容 | 電気通信事業法に基づく電気通信事業 他 |
| 従業員数 | 1001名（2018年4月1日現在） |

お話を伺ったのは

**梶川　祐朗**氏
株式会社エネルギア・コミュニケーションズ経営戦略本部　ITサービス事業部長。ICTサービスの開発と販売を担当し、RPAソリューションEneRoboを販売する。RPAサプライヤーのエキスパート。EneRoboの実力をひと目で見抜き、適材適所の“人事”を遂行している。

# ロボット図鑑 7

## オリックス・ビジネスセンター沖縄株式会社

# さびらちゃん

オリックス・ビジネスセンター沖縄では、このたび「働き手の多様化」に着手し、新たにさびらちゃんが仲間に加わりました。おかげで社員の負担が軽くなり、より働きやすい職場へと変化してきています。

**頼りになる期待の新人**
**速く正確に処理を進め担当者の負担を軽減**

**特徴**
沖縄が大好き。髪にハイビスカスの花を飾っている。ずっと沖縄で暮らしたいと思っている。

**弱点**
運動が苦手。あんまり汗をかきたくないなぁと思っているが、沖縄は暑いので仕方がない。

ロボプロフィール

さびらちゃん
対応力：最高
☆☆☆☆☆
得意技：琉球舞踊
☆☆☆
呪文：アルテマ
☆☆☆☆

**チャームポイント**
オリックス・ビジネスセンター沖縄が大切にしている価値観：kukuru（沖縄の言葉で“心”）を表すハートのマーク。

# さびらちゃんとともに沖縄一、豊かな会社を目指して

## 早出、残業が不要となり担当者の負担が軽減

当社の自慢のロボット「さびらちゃん」を紹介しましょう。

さびらちゃんの主な業務は、「口座からの再引き落とし業務」と「案件数カウント業務」です。とくに、口座からの再引き落とし業務は、絶対にミスが許されない業務なのですが、速く正確にこなしてくれるさびらちゃんのおかげで、担当者の負担が軽減しました。

一方、案件数カウント業務は、毎朝その日に対応すべき業務件数を基幹システムから抽出する業務です。以前は社員が始業時間より前に出社して作業をしていましたが、さびらちゃんが昼夜を分かたず作業をしてくれるおかげで早出勤が不要になりました。

## さまざまなメリットで欠くことのできない存在に

「働き手の多様化」を期待して導入したＲＰＡですが、メリットはそれだけではないと感じています。とくに、人の採用に較べると「研修期間が短い」「突発的な休暇や急な退職がない」といった点が大きな違いです。

「沖縄一、豊かな会社を目指して」が当社のスローガンです。ＲＰＡは目標を実現するために、もはや当社には欠くことのできない仲間となっています。

### 会社概要

**オリックス・ビジネスセンター沖縄株式会社**

| | |
|---|---|
| 代表者 | 取締役社長　井戸　洋行 |
| 会社設立 | 1999年11月24日 |
| 株主 | オリックス株式会社100% |
| 事業内容 | 事務センター、コンタクトセンター |
| 従業員数 | 771名 |

### お話を伺ったのは

**松田　貴久美**氏
オリックス・ビジネスセンター沖縄株式会社業務編成部 IT企画チーム　マネージャー。社内導入システムの運用支援や業務改善支援を行う立場から、社内RPA展開の推進やRPA管理基盤の構築を担当する。

## ロボット図鑑 8

## 日本生命保険相互会社

# 日生ロボ美

月間5000時間という驚異的な効率化！　ロボ美がもたらしてくれた功績は、かくも大きいものでした。行き詰まった業務改革に風穴を開けてくれたロボ美は、思ったよりも手がかかり、そこもいいのだとか。

**キメ細かな作業は完璧！**
**社内のスーパーアイドル**

**特徴**
4年間という日本でいちばん長い業務経験を経て、数多くの種類の仕事を代替してきた。雇い主の日本生命保険相互会社における活躍フィールドをどんどん広げている。

ロボプロフィール

日生ロボ美
2014年12月、日本生命保険相互会社の事務を手伝うために誕生。以降、順調に成長を続けている。

**チャームポイント**
何といっても圧倒的な事務処理能力。また、事務処理を通じた、職員の皆さんのお仕事のお手伝い。

# 業務改革の行き詰まりを打破した社内事務改革の功労者

## 楽しんでロボのお世話をしています！

私どもは、契約業務のバックオフィス業務を担う約1000名の部署です。これまで業務改革に取り組んできましたが、事務業務においてできることは意外と限られていて、手詰まり感がありました。

それが、今まで人だけで考えてきた社内体制にロボットを加えただけ。でも、これだけで月約5000時間という驚異的な効率化を実現したのです。

スタッフたちも、「RPAが自分の作業を楽にしてくれる」と喜んでおり、楽しくロボットのお世話をしています。

## ロボ美の席を用意して一緒に働いています！

ロボットって、思ったよりもやんちゃで、まだまだ手がかかります。また、より良いやり方はあっても、正解がないのも難しいところです。

ロボットも人と同じだということです。つまり、人事の延長上にあるということで、教育やフォロー、指導の必要は当然あります。

当社にはロボ美用の席があります。もちろん、実体がないので座ることはありませんが、もはや業務に欠くことのできない仲間なので用意しました。「今日は機嫌悪いかな？」なんていいながら、楽しく一緒に働いていますよ。

### 会社概要

**日本生命保険相互会社**
代表者　代表取締役社長　清水　博
会社設立　1889年7月4日

・今回お話を伺った部署について
企業保険契約部
業務内容　法人向け商品の契約処理業務
従業員数　約1000名

### お話を伺ったのは

**宮本　豊司**氏
日本生命保険相互会社　企業保険契約部　企保事務システム構造改革推進担当部長。
5人のRPA女子とともに部署内のRPA推進を行っている。その実績が認められ、現在同社ではRPAラボなる全社推進役も設け、RPA導入を展開している。

# ロボット図鑑 9

## パナソニック LS テクノサービス株式会社

# RPAウェスピー

次世代型RPAに相応しく、FAXの受け取り、入力からワンストップで修理を受付！　タイムラグが少なく、有事に即対応できるため、自社のブランディングにも役立っているといいます。

ユルい見た目で可愛がられる得なキャラクター

一方、アンテナは鋭く、即時対応可能！

**特徴**

ちょっとメタボ。健康診断が怖い。

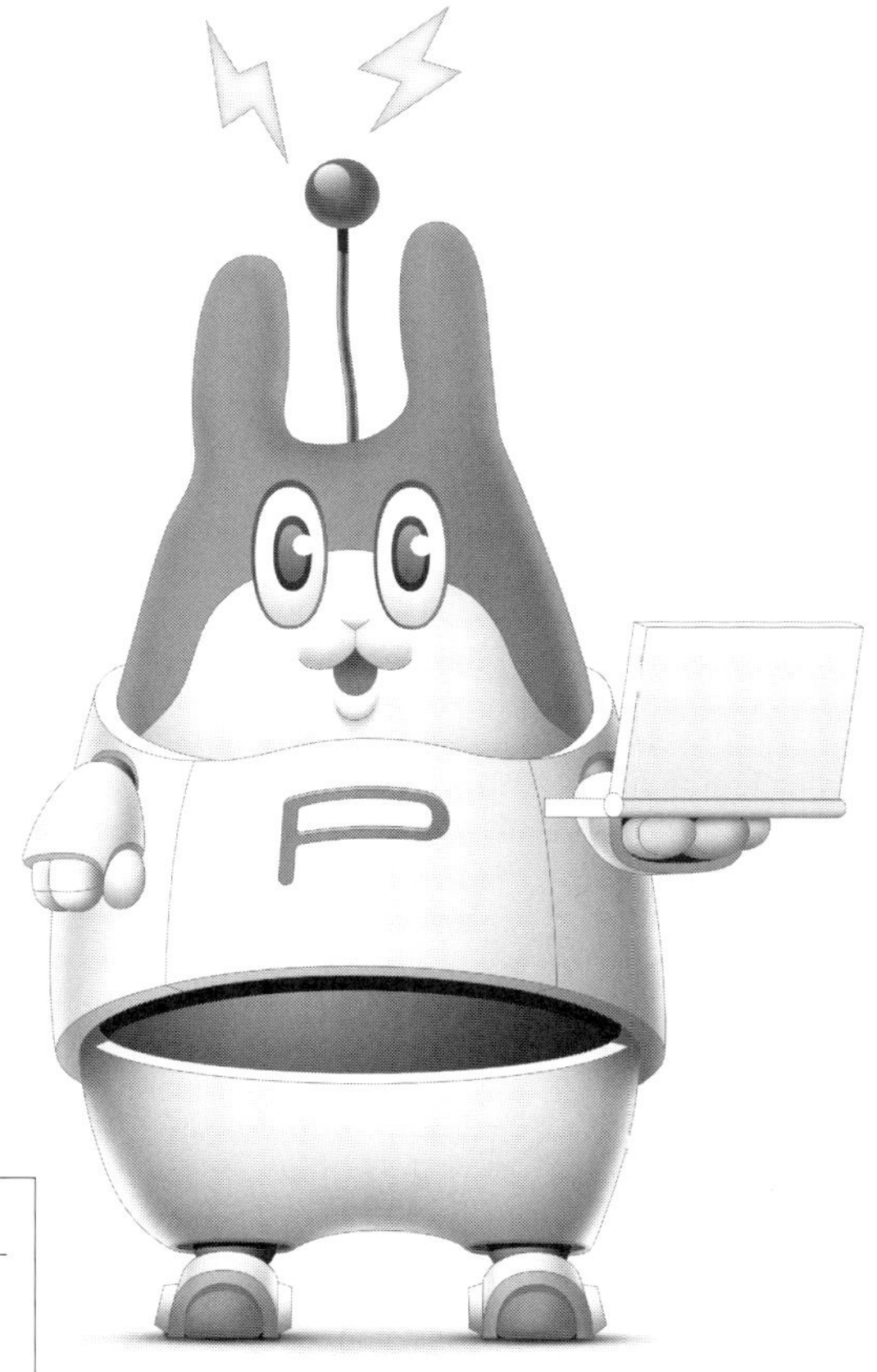

**弱点**

体が丸いのはもちろん、腕や足が短いせいもあり、転ぶと、なかなか立ち上がれない。

**チャームポイント**

つぶらな瞳とキューヽな体色。実は左右で耳の長さが少しだけ、違うんです。

ロボプロフィール

RPAウェスピー
包容力：大
☆☆☆☆
得意技：大食い
☆☆☆☆☆
呪文：ピカピカウェスピー
☆☆☆☆☆

# 自社のブランド価値向上に貢献する会社を変えてくれた救世主

## 受注内容を基幹システムに高い精度で流し込む

弊社では、RPAウェスピーには、ハウスメーカー様からの修理受付を担当してもらっています。受付はWebとFAXの両方で行っていますが、とくに繁忙期には時間がかかり、お客様をお待たせしてしまうことがありました。

ところがWeb受付はもちろん、FAX受付も自動で基幹システムへ入力でき、受付も完了できるようになったため、受付時間全体で10分の1に短縮しています。各社FAX用紙に対応し、94%という驚異的な精度で読み取ることができるのです。

## 経営上のジレンマを抜本的に解決！

修理は、いつ発生するのか、予測がつきません。けれど、コストはかけなければならない。経営的にはコストセンターでも、ないがしろにすればブランド価値が下がるという、この二律背反的要素が悩みの種でしたが、コスト削減とブランディングの両方を一挙両得に実現してくれるのがRPA。つまりRPAは、ブランド価値を保ちながらコスト削減にもつながるという、働き方そのものを変える存在なのです。

一方で、安定稼働には課題があり、常にメンテナンスが必要な存在でもあります。

### 会社概要

**パナソニックLSテクノサービス株式会社**

| | |
|---|---|
| 代表者 | 代表取締役社長　井上　富雄 |
| 会社設立 | 1964年7月1日 |
| 事業内容 | パナソニックの住宅設備関連商品にかかる修理サービス・消耗部品販売・長期延長保証 |
| 従業員数 | 920名 |
| コンセプト | 「買い替えるなら次もまたパナソニックを」といっていただけるサービスの提供 |

### お話を伺ったのは

**専務取締役　藤田　実**氏
**ITインフラ開発推進　部長　土肥　潤一郎**氏
藤田氏は同社の事業戦略を担う立場から、土肥氏は修理サービス事業を企画改善する立場から、RPA導入を推進した。

# ロボット図鑑　10

## 株式会社ブレインパッド

# AdQuick（アドクイック）

業務に合わせて継続的な改善を行う必要があるRPAは根気よくつき合うことでどんどん成長していきます。今までは人が勘と経験に基づいて行っていた業務も、次々と任せられるようになっていくのです。

即戦力として期待に十分応える
頼れるパートナー

**特徴**

属人的な細かい対応や、例外処理に強い。この先いろいろな種類の仕事を任せられそうだと、社内の期待のまなざしを一身に集めている。

**弱点**

放置プレイが苦手の寂しがり屋。面倒を見てあげればあげるほど、目を見張るほどの効果を上げることができる。

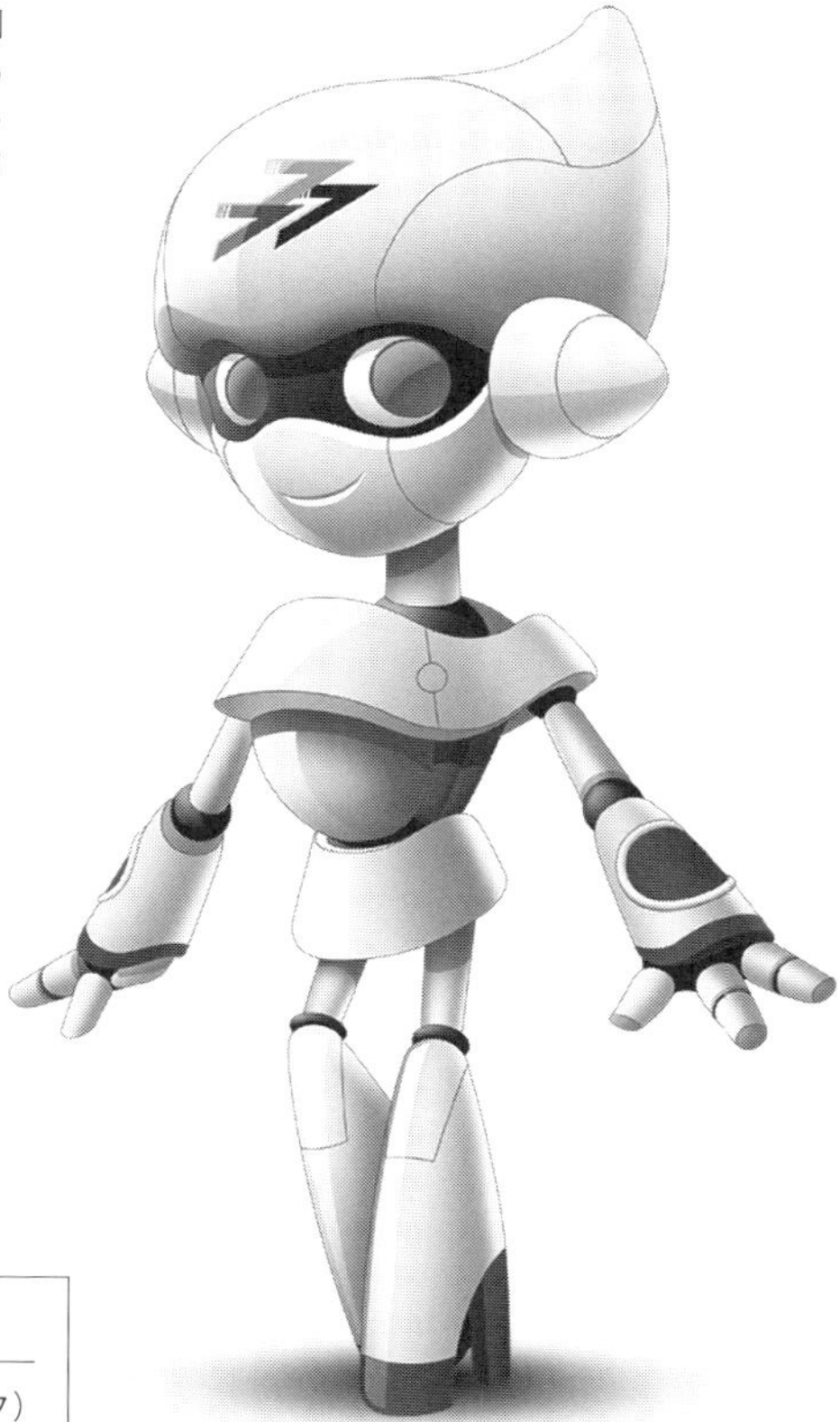

ロボプロフィール

AdQuick（アドクイック）
知能指数：200 を超える
☆☆☆☆☆
得意技：間違い探し
☆☆☆
呪文：リーテラトバリタ
☆☆

**チャームポイント**

いつのまにか寄り添ってくれている安心感が魅力。細身でスタイリッシュな次世代ロボット。

# 苦手とされていた〝予測〟を担う期待値大！のルーキー

## RPAを提供するサプライヤーという仕事

当社は代理店としてRPAをお客様にご提供しています。単にRPAを提供するだけでなく、導入のお手伝いやAI技術を利用した高度活用ロボットの作成も行っております。事例として、カタログ販売を行うあるエンドユーザーさんの活用例をご紹介しましょう。

同社では、総称〝アドクイック〟のなかの「予測」「スペック」「内規」というRPAが活躍しています。

予測さんは需要予測を行い、スペックさんは商品マスタとカタログの内容をチェックし、商品名や価格などに間違いがないかを確認します。そして内規さんは、商品説明文章を、社内内規表現表とマッチングすることで、文章の質を保ち、使ってはいけない文字や商標に抵触する表現などがないかチェックしています。

## 「予測」と「品質向上」をロボットが担う時代

これらの業務はいずれも、以前は人が経験と勘に基づいて行っていた業務ですが、RPAに任せることで、短期間のカタログ制作が可能になったり、商機のロスがなくなったりといった効果が出ています。継続的な改善を行うことで、さらに高度な業務を任せられるようになるのです。

### 会社概要

**株式会社ブレインパッド**

| | |
|---|---|
| 代表者 | 代表取締役社長　佐藤　清之輔 |
| 会社設立 | 2004年3月18日 |
| 事業内容 | 企業の経営改善を支援するビッグデータ活用サービス、デジタルマーケティングサービス |
| 従業員数 | 271名（連結、2018年12月31日現在） |

### お話を伺ったのは

**山内　康志**氏
株式会社ブレインパッド　ソリューション開発本部RPAソリューショングループグループマネジャー。データ分析分野のリーディングカンパニーである同社において、お客様に対しRPAによる業務効率化を推進する伝道師的ミッションを担う。

# ロボット図鑑 11

## リコージャパン株式会社

# りく

なかなか新人が来ないといわれるバックオフィス業務に来た救世主、それがりく。取扱商品の変化で手間が増え続ける社内で、りくは少しずつできることを増やしていっているのだそう。

**特徴**
キリッとしたスポーツマン。ゴルフ部出身で新人戦準優勝の成績をもつ。

少しずつ着実に業務を覚えていく一方で
いつもニコニコ、仕事を楽しむ楽天家

**弱点**
一度にいくつものことをさせようとすると、パニックになる傾向が。

**チャームポイント**
肉球（?）。キリッとした顔立ちだが、破顔一笑、可愛い印象になる。

ロボプロフィール

りく
生命力：最大
☆☆☆☆☆
得意技：アイアンショット
☆☆☆
呪文：ヘイスト
☆☆☆☆

# 社内人事コード、ユーザーIDを付与。皆の仕事を一気に軽減させた社内の人気者

## 業務システム導入では間に合わない

2016年10月入社。社内人事コード、そしてユーザーIDをもつりくは、リコージャパン株式会社の社員の一人です。販売管理業務や人事総務系業務、そして顧客向けサービス業務など、バックオフィス業務が得意なため、まずは国内販売のスタッフが700人いる川崎事業所に来てもらいました。

商材はコピー機が圧倒的に多いのですが、それだけではありません。クラウドや課金システムなど、時代の趨勢《すうせい》を受けて業務も多様化しています。そこに業務システムを導入していると、とてもではありませんが、間に合いません。RPAは開発がとてもスピーディ。りくも、数週間で私たちの仲間になりました。

## 現場から上がってくるりくの新しい仕事

一例として「事前残業申請」という労務管理がありました。残業は事前に申請、承認されるべきですが、事後になってしまうこともある。それを減らそうという取り組みで、約2万人のデータをまとめなくてはなりません。前月のデータを翌月初に送っていたのですが、りくがやるようになって月中に一度送れるようになり、注意喚起ができるようになりました。

### 会社概要

**リコージャパン株式会社**

| | |
|---|---|
| 代表者 | 代表取締役社長執行役員<br>CEO　坂主　智弘 |
| 会社設立 | 1959年5月2日 |
| 事業内容 | さまざまな業種におけるお客様の経営課題や業務課題の解決を支援する各種ソリューションの提供 |
| 従業員数 | 18552名（2018年4月1日現在） |

### お話を伺ったのは

**ICT 技術本部 アドバンスドソリューション部**

ICTソリューションを担当するSE部署。社内業務におけるRPA開発に加え、顧客企業向けのRPA導入サービスも担当。現在リコージャパン社内で稼働しているRPAはおよそ100体。1か月あたり3000時間の稼働を創出しているという。

# ロボット図鑑 12

## 西濃運輸株式会社

# ロボットカルちゃん

「今」の西濃運輸ではなく「未来」の西濃運輸を見据えて導入を決めたというRPA。西濃運輸といえば「カンガルーのセイノー」でおなじみ。イメージキャラクターであるカンガルーの「カルちゃん」をロボット化したものだそうです。

「ロボカルちゃん、お仕事中」の看板とともに
休みなく働き続ける頼りになるカンガルー

**特徴**

「つなぐ」ことに常に情熱を燃やしている。荷物もデータも大事にポケットに入れて、待っている人に届ける。

**弱点**

24時間365日働き続けることができるが、それゆえにまわりを心配させてしまう。ハリキリすぎて空回りしてしまうこともある。

ロボプロフィール

ロボットカルちゃん
粘り強さ：最大
☆☆☆☆☆
得意技：全国の道路を知りつくしている
☆☆☆☆☆
素早さ：ジャンプで俊敏に動く
☆☆☆

**チャームポイント**

何でも入る大きなポケットが自慢。ロボットでありながら、なかはふわふわで温かくて、気持ちいいらしい。

# 勤勉に働き続ける縁の下の力持ち！ 30年後を見据えた導入で社業に大きく貢献

## 長期戦略プロジェクトでの導入で誕生

RPA導入は、長期戦略プロジェクトでの検討がきっかけでした。

当社では現在50体を超えるRPAが間接部門でのルーティン業務およびバックヤード業務をこなし、該当業務にかかっていた時間を76・7％も削減することに成功しています。24時間365日、ミスを起こすことなく働き続けるRPAの優秀さは疑いようもありません。

## 劇的な進化は数年後に期待

ただし、RPAの製作については、意外と手間取っています。ノンプログラミングのロボットであるとはいえ、ゼロからRPA製作を学ぶハードルは決して低くありません。RPA導入の際には留意すべきでしょう。

開発が「誰にでもできて」「速く」「簡単」。それも確かにRPAがもつメリットの1つですが、実際はもっとセンシティブです。

一方、マクロ以上システム未満の業務領域については、小回りが利きますし、とても重宝しています。社内でもルーティン的な業務については、まずRPAの導入を検討しようという意識が育ちはじめました。

製作にあたってはまだ課題があるのも事実ですが、技術発展は日進月歩です。数年後には劇的にRPAは進化している予感がします。

### 会社概要

**西濃運輸株式会社**

| | |
|---|---|
| 代表者 | 取締役社長　神谷　正博 |
| 会社設立 | 2005年10月1日 |
| 業務内容 | カンガルー特急便を中心とした商業物流サービス事業 |
| 従業員数 | 12908名（2018年12月末現在） |

### お話を伺ったのは

**溝田　勝也**氏
西濃運輸株式会社
経営戦略部　経営戦略課長。同社の経営に関する戦略指針策定と運用指導を行っている。RPAを展開・推進するキーパーソンである。

# ロボット図鑑 13

## 株式会社グッドライフ

# チア

日本全国の BizRobo! ユーザーのために立ち上げたサービスが「GOOD ROBOT」。当社のチアは、「多様性」を体現した虹色のコスチュームを身にまとい、開発者を応援・支援するチアリーダーです。

**特徴**
おっちょこちょいの博士が失敗の連続から偶然生み出したスーパーロボット。完成した瞬間、博士に高熱の蒸気が吹きかかり、「アチアチアチ、あ～!」と叫んだため、名前はチアと登録されてしまう。その後「チア」の意味を自己学習し、応援・支援に目覚めた。

絶対に見捨てず優しくフォロー
誰でも「やる気」にしてしまう

**弱点**
暗闇。光のない場所では省エネモードに切り替わり、趣味のガールズトークをはじめてしまう。

ロボプロフィール

チア
生命力:無限(ソーラーエネルギー)
☆☆☆☆
得意技:元気玉
☆☆☆☆
呪文:バイキルト
☆☆☆☆☆

**チャームポイント**
愛嬌があって人懐っこい一方、ときどきビシッと厳しいこともいう。

# いつでもすぐに業務を自動化できるようにしておくことがRPA導入成功の近道

## あらゆる企業を応援する立場

ＲＰＡを「導入したはいいけれど、スケールできない」という企業は少なくありません。そのままでは非常にもったいない。スケールにはいくつかコツがあります。

私どもは、１社に６００人を育成して培った社内研修や社内活性化のノウハウをもって、スケールのお手伝いをさせていただきます。

グッドライフは、「ＧＯＯＤ ＲＯＢＯＴ」というサービスを通じて日本全国のＢｉｚＲｏｂｏ！ユーザーどうしをつなげ、会社間の垣根を越えたコミュニケーションを実現します。

## ＲＰＡの秘める大きな可能性

ＲＰＡを、デジタルレイバーを、多くの人が使いこなせる世の中にしたい。その思いのシンボルとなる存在を目指しています。

ビジネスのチャンスは経営層、経営企画のメンバーだけが思いつくものではありません。

現場が毎日実施している業務を、デジタルレイバーが人の数倍のスピードと精度で実施すれば、それだけで経営に大きく貢献する例があります。現場が業務を自動化できるということは、単純に効率化ということだけではない大きな可能性を秘めているのです。

### 会社概要

**株式会社グッドライフ**

| | |
|---|---|
| 代表者 | 代表取締役　友利　力也 |
| 会社設立 | 2012年3月22日 |
| 所属団体 | 公益社団法人全日本不動産協会<br>リノベーション住宅推進協議会 |
| 事業内容 | 不動産売買、賃貸借、仲介、管理運営<br>リノベーション事業、IT 事業、<br>広告事業 |
| 従業員数 | 120名 |

### お話を伺ったのは

**竹内　瑞樹**氏
株式会社グッドライフRPA事業部部長。
RPAを世の中に紹介し、広めるだけでなく、使いこなし、利益を上げるためのノウハウを提供する。チアちゃんの実質的な生みの親であり、父親的な存在。RPAという魅力的な存在が、新しいビジネス展開の柱となった。

# ロボット図鑑 14

## 株式会社 IIJ エンジニアリング

# RoboRoid（ロボロイド）

RPA導入をきっかけに、これまで日常的に行っていた社内業務が可視化できたというメリットもあるのだとか。狙ったものだけではない、いろいろな効果を生み出すRPAを今後、もっともっと活用していきます。

人の嫌がることもスマートにこなす
唯一無二のスーパーマン

**特徴**
優秀。少数精鋭の部隊で大活躍できる能力をもつ。

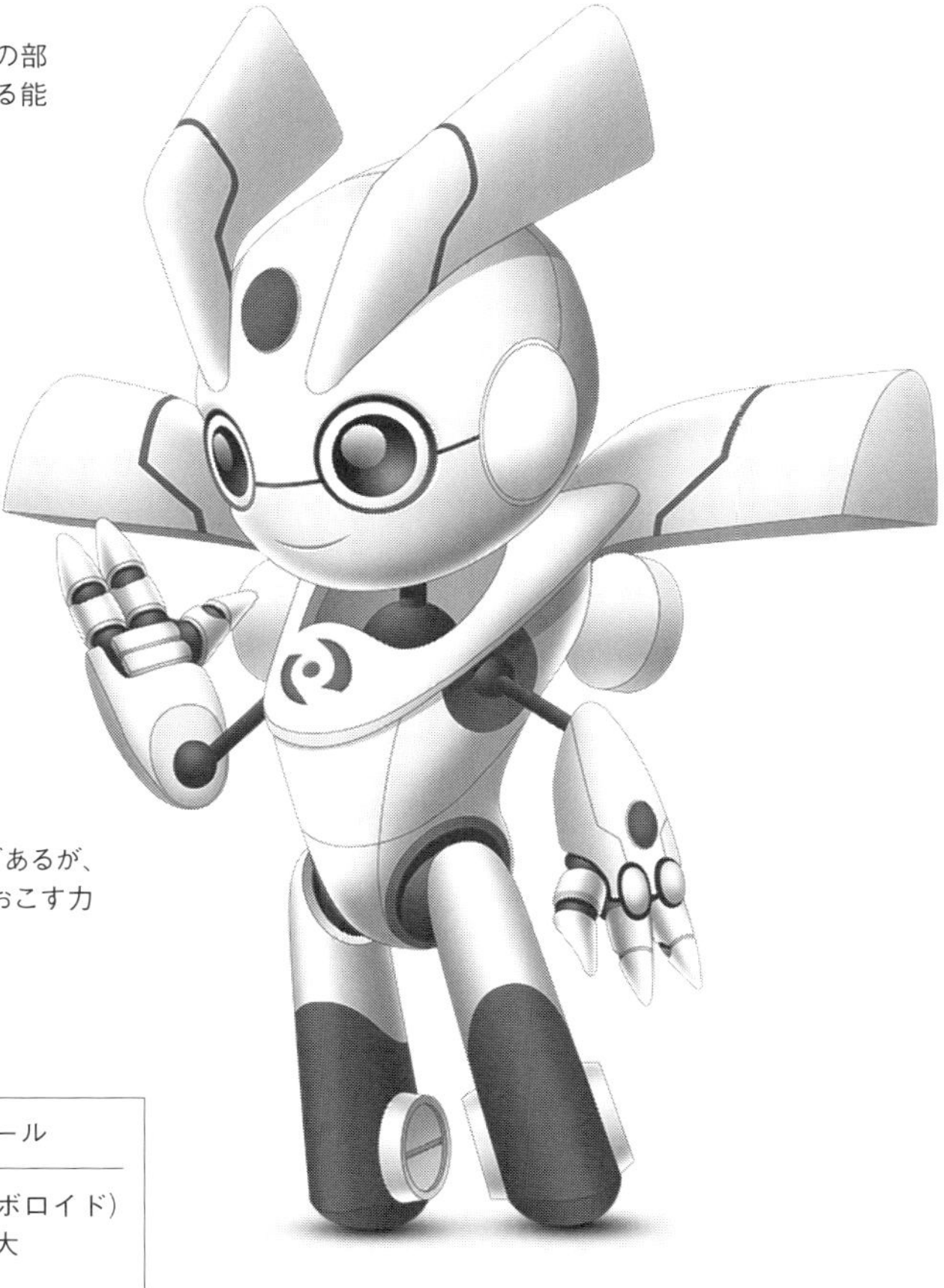

**弱点**
羽のようなものがあるが、飛べない。風をおこす力をもつ。

ロボプロフィール

RoboRoid（ロボロイド）
スマートさ：大
☆☆☆
得意技：風をおこす
☆☆☆☆☆
呪文：ケアル
☆☆

**チャームポイント**
好きな色は、自身のアクセントカラーである赤。とってもおしゃれ。現代のロボットはカッコよくなくちゃ！　と思っている。

# ＲＰＡ導入が業務可視化と人材発掘という副産物を生むきっかけに

## ＲＰＡ導入をきっかけに仕事をより深く理解

私どもでは、ＲＰＡを事務業務とＩＴ運用業務に利用しています。例えば、購買業務や精算業務の自動処理や、障害・メンテナンス情報をポータルサイトに自動掲載するなどです。具体的には、メールの内容によって条件分岐させたあと、処理を実行するといった使い方をしています。

導入に際しては、業務内容の可視化が必要となり、結果としてＲＰＡ推進が、社内業務の全体的な可視化につながったのは、思わぬ副次的効果でした。

## 人材発掘とＢＰＭの取り組み

社内のＲＰＡ推進にあたっては、ＲＰＡ専任担当者が主導しています。また、製作にあたっては実際の業務担当にも協力してもらい、業務の構成要素や判断分岐を考えていきます。その過程で、論理的思考をもつ人材を発掘できたことも副次効果の１つです。

ＲＰＡは定形作業における業務工数の削減やうっかりミスの抑止として非常に効果的で、新たな働き手として期待もしています。さらに効果を高めるために、ＢＰＭを取り入れ、業務全体の効率化に邁進中です。

### 会社概要

**株式会社 IIJ エンジニアリング**

代表者　代表取締役社長　鈴木　幸一
会社設立　1998年2月9日
業務内容　ネットワーク運用管理、テクニカルヘルプデスク、コンタクトセンター、インフラ設計・構築など、総合的な IT アウトソーシングソリューションサービスを提供。

### お話を伺ったのは

**小笠原　大介**氏
株式会社 IIJエンジニアリング　事業戦略室 技術企画推進グループ主任。
業務効率化に向けたシステム導入企画の立案と推進、自動化ツールの選定などを担う。RPAについては、導入プロジェクトの立ち上げから携わり、現在もロボットの設計承認などを行う。

## ロボット図鑑 15

## 株式会社大崎コンピュータエンヂニアリング

# ヴィスタス

地方創生に必ずやひと役買う——わかりやすく、しっかりとした目標をもち、事業を展開しています。ヴィスタスは、人と基幹システムのつなぎ役として、全国の自治体で、活躍しています。

**特徴**
目的意識がはっきりしていて、ブレない。

**弱点**
ちょっと融通が利かない。石頭、といわれることも。

日本男児のりりしさを表す
キリッと涼しい一重の眼が魅力

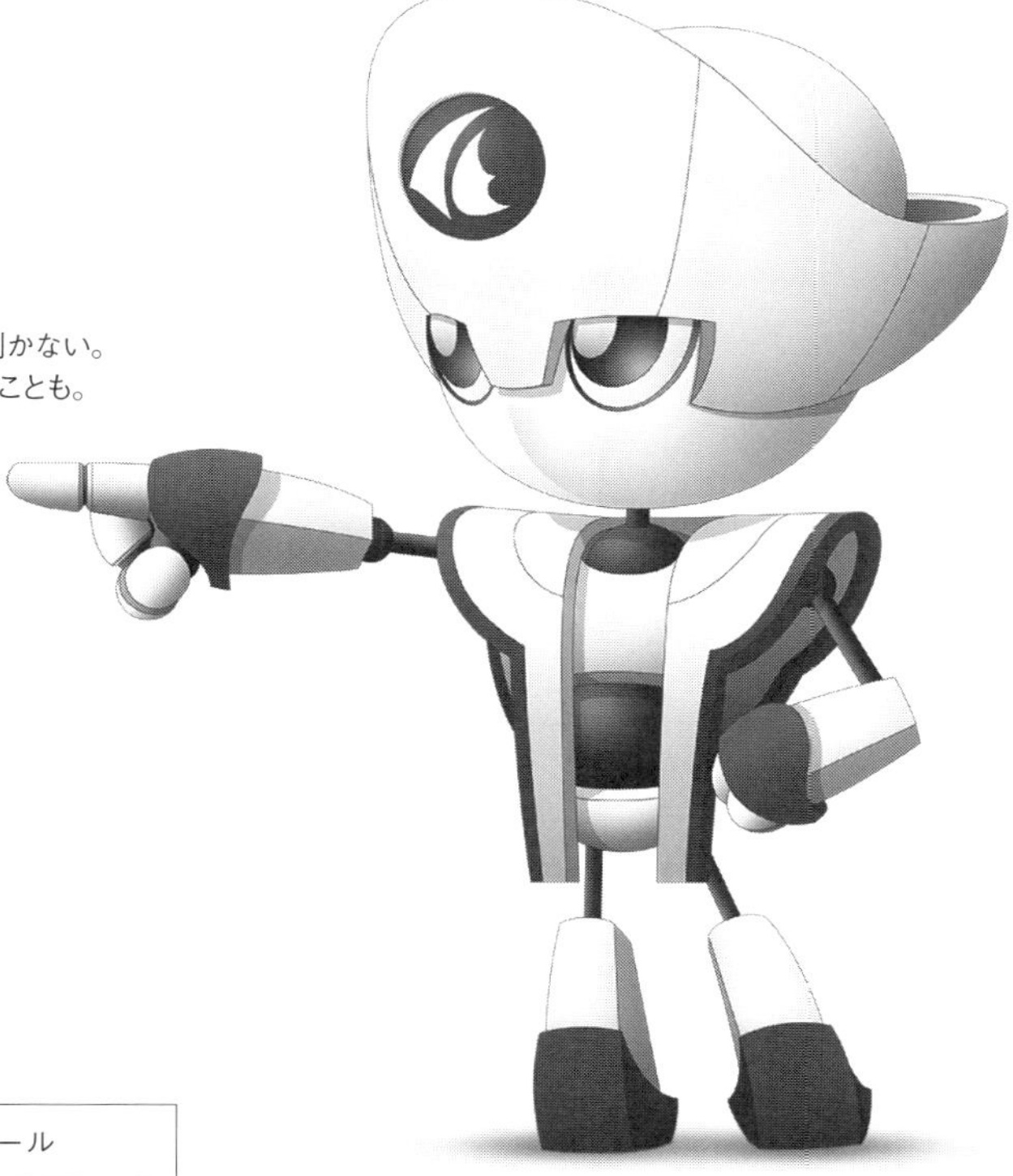

ロボプロフィール

ヴィスタス
目的意識：大
☆☆☆☆
得意技：予告ホームラン
☆☆
呪文：スクルト
☆

**チャームポイント**
法《はっ》被《び》のような衣装がよく似合う。まっすぐに前を指す意志の強さも魅力的。

# 本来の活躍の場である中小企業や地方自治体にＲＰＡがどんどん送り込まれる未来をつくる

## 中小企業、自治体へと広がっていく

私どもは、全国の自治体にＩＴサービスを提供する老舗《しにせ》の中堅ＩＴベンダーです。地方創生や働き方改革が注目されるなか、大手企業から導入のはじまったＲＰＡは、自治体や中小企業へと確実に活躍の場を広げつつあります。

当初は導入に慎重だった自治体も、徐々に実証事業に取り組みはじめており、２０１８年には地方自治体のＲＰＡ導入に対する補助制度もはじまりました。

## 人とシステムのつなぎ役

Ｅｘｃｅｌで処理した数値を業務システムにコピー&ペーストする。こんな業務は、今でもたくさんありますが、ＲＰＡなら、Ｅｘｃｅｌからブラウザ、業務システムまで一連の流れを自動化できます。

ＲＰＡは、人とシステムのつなぎ役を担うことで、労働価値の低いデスクワークから人を解放します。より創造的な仕事に集中することができるようになる点が、ＲＰＡの真骨頂だと思っています。

今後の課題は、ロボット作成者の育成と、「ＲＰＡって簡単なんだよ！」ということを周知していくことだと考えています。まだまだ使いこなせていない地方がたくさんあると考えているからです。

### 会社概要

**株式会社大崎コンピュータエンヂニアリング**

| | |
|---|---|
| 代表者 | 代表取締役社長　武田　健三 |
| 会社設立 | 1977年4月 |
| 業務内容 | 行政および企業・団体向け情報システムの設計開発・運用・保守、システム運用管理のアウトソーシングなど |
| 従業員数 | 370名 |

### お話を伺ったのは

**森　雄介**氏
株式会社大崎コンピュータエンヂニアリング
事業推進統括部　ＮＢ推進室　室長代理。
同社で新技術に対する研究と事業開発を行う森さんの野望は、千葉から全国の自治体にRPAをお届けすること！　ヴィスタスとともに野望実現のため日夜奮戦中です。

# ロボット図鑑 16

## 株式会社 LIXIL グループ

# ロボぽん

全国に600以上の支社を抱え、社員数は６万人超。LIXILは、RPAを全社展開し、開発までできる人材育成を社内のシステムとして展開しています。

暮らしのことなら何でもござれ
暮らしやすさを提供する社是を体現する

**特徴**
胸にお家のマーク。ここから商品を取り出して、いろいろな人に向けて提供している。

**弱点**
優しすぎて、動けなくなるギリギリまで胸から部品を提供し続けてしまう。

ロボプロフィール

ロボぽん
戦闘力：スカウター振り切れる
☆☆☆☆☆
得意技：デスボール
☆☆☆
呪文：メラゾーマ
☆☆☆

**チャームポイント**
大きな澄んだ瞳を引き立てる一休さんも真っ青のいがぐり頭がトレードマーク。頭の形がいいのが自慢。

# 「現場」が開発することを極限まで追求した事業に

## 社内研修を徹底して開発者を全社に

当社では、RPAを開発できる人材を現場に育てることを目的として、隔週に一回のペースで研修を実施しています。

通常、2日間の研修（座学）があり、ロボ開発を経験してもらったあと、社内検定を受けてもらいます。これに合格すれば、RPAをつくることができるようになります。

RPA導入初期は、「誰もがつくれる」という認識でした。ところが、取り組んでみると、そう簡単ではありませんでした。いかにノンプログラミングといえども、研修を受けて理解しないと難しいものです。

## 現場と開発を同時に楽しめる

ただし、研修を受けさえすれば、開発は可能です。楽しみながら続けていけて、確実に効果は現れます。

現在、開発中のRPAが90体、本番稼働RPAは60体にも上ります。RPA1体あたり、年間平均150時間の業務削減効果があるのですから、これは絶大です。主にバックオフィスの販管費削減を担ってくれています。

現状の課題は、更新が多いことです。例外も含めて、多方面の業務がカバーできるようなRPAの開発を、これからも進めていきたいと考えています。

### 会社概要

**株式会社 LIXIL グループ**

| | |
|---|---|
| 代表者 | 取締役　取締役会議長兼代表執行役会長兼 CEO<br>潮田　洋一郎 |
| 会社設立 | 1949年9月19日 |
| 発行済株式数 | 313,319,159株 |
| 従業員数 | 61140名（連結ベース） |

### お話を伺ったのは

**LIXILグループ　RPA推進チーム**

正式名称は、IT部門 基幹システム統括部 コーポレート・事業会社システム部 システム企画推進GRPA推進チームという。RPA全社展開の企画、開発者の育成・支援、そして運用を手がけている。「開発者は現場」をスローガンに、“使える”RPAをどんどん開発している。

column 3

## 他人事はダメ！自分のことは自分で

もし、新入社員から質問を受けたら、ふつうは、もとからいる社員が回答します。新人教育をすべて外部へ委託していて、新人から質問を受けるたびに、外部スタッフに連絡をして来てもらう会社はないでしょう。

RPAと協働していくプロセスにおいて、RPAを設計した際には気がつかなかった例外的な処理やイベントが、必ず発生します。そのたびに、RPAに新たな処理を追加するのか、それともRPAではなく人間が行う処理とするのか――。毎回毎回、判断を繰り返しながら、RPAとともに働くオフィス環境を整えていく必要があります。

「RPAはデジタルレイバーだ」。冒頭の「7分でわかる！RPA 7つのキーワード」でもそういいました。RPAは教育をしながら育てていく、いわば育成型ロボットです。システムとは、そこが違います。システムの場合、リリースはゴールですが、RPAの場合、リリースはあくまでスタートなのです。

RPAの導入を円滑に進め、そして幻滅期を避けるためには、RPAのお世話係となる自社スタッフを育てることが必要なのです。RPAのお世話係とは、迅速にRPAを設計、あるいは修正できるスタッフのことです。あなたの会社のデジタルレイバー教育を、外部に委託していては、いつまでたってもよくなりません。きちんと自社の責任として、自分に引きつけて考えていくべきです。

第**4**章

# ロボットと一緒に楽しい明日へ

## RPAの発展と未来像

女性の再雇用問題、AIをはじめとするIT技術との連携、働き方改革、
そしてワーク・ライフ・インテグレーション。
RPAは確実に、日本のビジネス界を進化させていきます。

4-1

# RPAが社会を救う!

人口が減少し、地方から人が減る未来を考えると、地方創生のビジネスモデルは悲願です。もしかするとそれを、RPAが担ってくれるかもしれません。

## ２０５０年、日本を襲うトリプル・インパクト

日本の人口は、これから先も減る一方です。ひいては、労働人口も減っていきます。さらに、65歳以上が人口の4割を占める超高齢化社会の到来、そして若者は首都圏に出て小規模地域は滅亡してしまう。これが２０５０年に日本を襲うトリプル・インパクトです。

この悲惨な未来を救うのは、３つの視点。１点目はＲＰＡ、つまりデジタルレイバーと人間の協働、2点目は女性と高齢者の活用、そして最後に地方創生です。

実は最初の2点は強烈なシナジーで結びついているため、両立が可能です。高齢者や女性の再就職・復職に、ＲＰＡはうってつけなのです。

## 地方の魅力を高める地方創生ビジネス

さて、７つのキーワードと第１章ではＲＰＡとは何か、第2章では最新デジタル技術であるＲＰＡの現在の位置、第3章では導入事例をご紹介してきました。続く第4章では、人生１００年時代、高齢者も女性も働いていきたいし働いてもらわなければ困るという未来のもと、ＲＰＡがどう役割を果たすかについて、お話ししていきたいと思います。

最後に、地方創生は、オリジナリティのあるビジネスモデルを構築することで可能になります。既に、ＲＰＡを用いて地産地消のビジネスモデルを創出することで、地域の魅力を高め、雇用を促す取り組みははじまっています。

# 地方の行方が日本の将来を左右する

## ● 2050年、日本を襲う地方問題

人口増減割合別の地点率

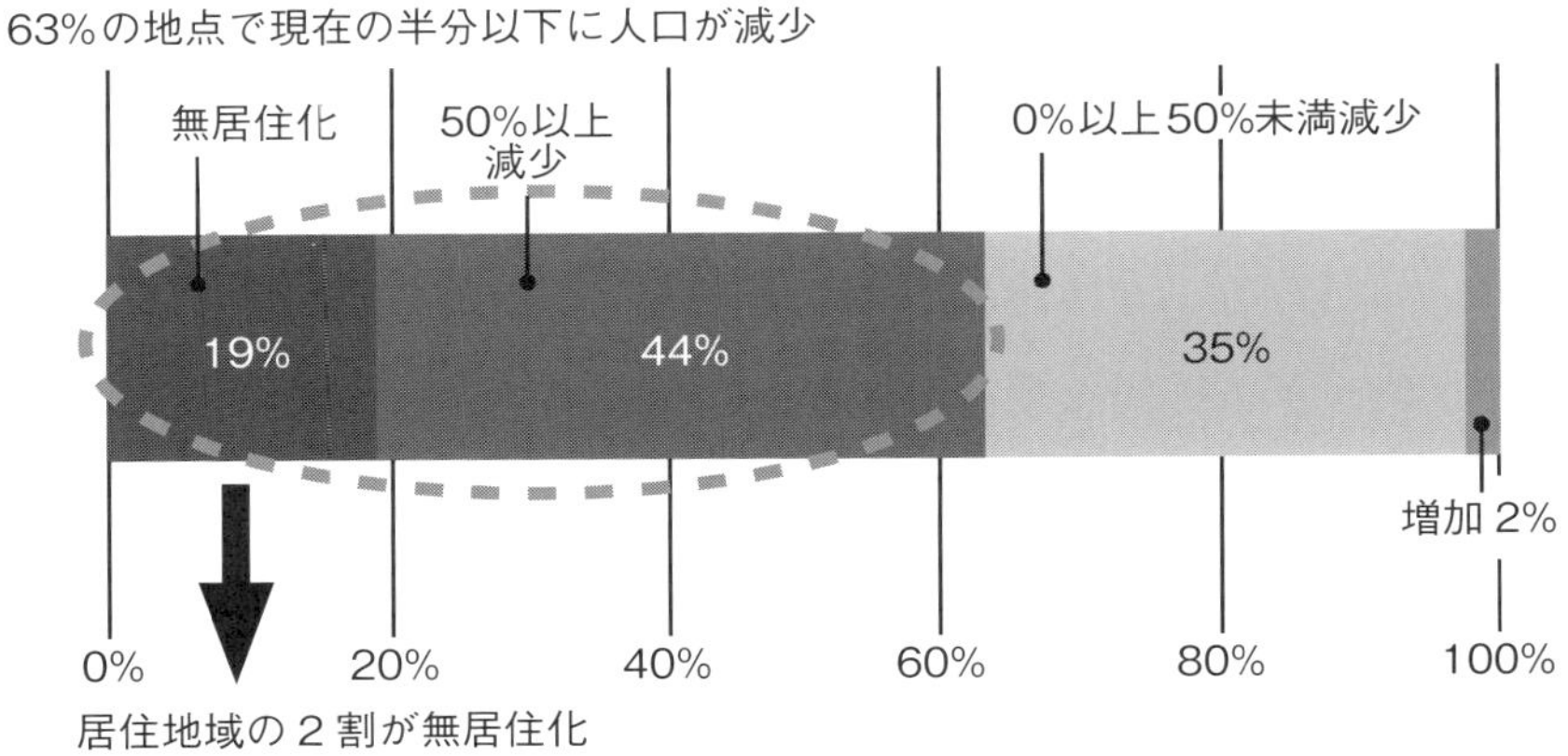


市区町村の人口規模別の人口減少率

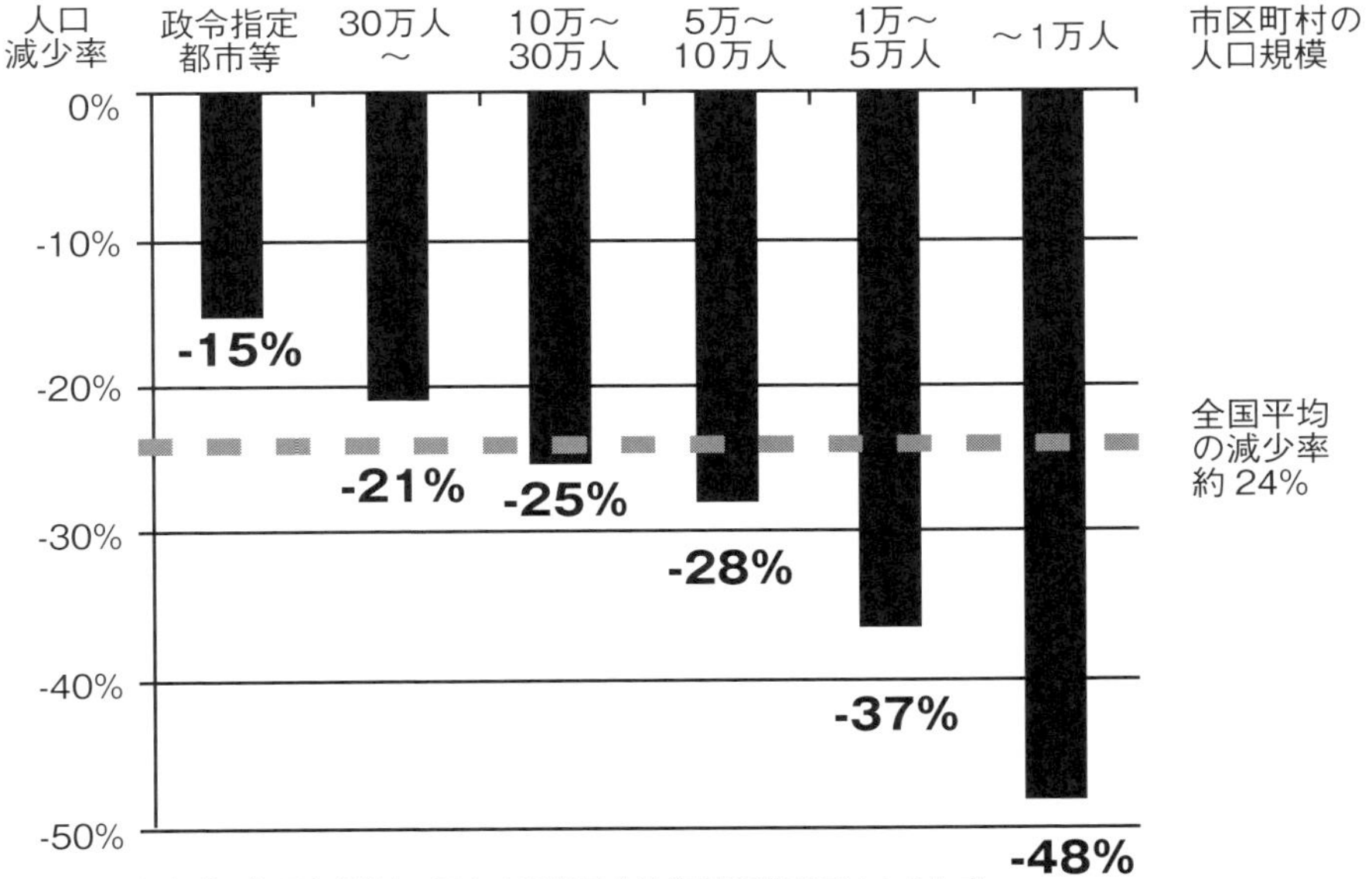


出典：総務省「国勢調査報告」、国土交通省国土政策局推進計画により作成

『新たな「国土のグランドデザイン」』（国土交通省）によれば、三大都市圏を除いた人口30万人以上の都市圏は61から43に減少、人口は国内6割以上の地点で半減、2割の地点ではゼロになる試算が出ているといいます。

4-2

# 幸せを実現して楽しい社会へ

「楽しい仕事とはどういうものか」「幸せな生活とは何か」。哲学的でいくつもの答えがあるこれらの問いの答えの1つは、間違いなくRPAによってもたらされました。

## 仕事の楽しさを再確認できる

プライベートと仕事が充実し、かつ経済的にも不足のない生活。これも確かに、幸せな人生の1つの側面ではあるでしょう。

この考え方におけるRPAの効果は絶大です。これまで何時間もかけていた雑多な業務が、あっという間に完了するさまは爽快ですらあります。

RPAは労働生産性を劇的に向上させ、あなたのもっていた仕事の概念を激変させることでしょう。「仕事って、こんなに楽しいものだったのか⁉」と気づかせてくれるはずです。

## 夢を現実にするRPAの実力

仕事が楽しくなると生産性が上がり、生産性が上がれば当然、収入もアップします。労働時間を減らすことで、プライベートも充実することでしょう。今までは対立していたこの構造が、同時に実現できるのです。これは決して夢物語ではありません。手を伸ばせばつかめる、すぐそこにある現実なのです。

時代は今、「ワーク・ライフ・インテグレーション」を求めています。バランスではなく、インテグレーション、つまり統合、統一です。仕事と生活、人生は分けて考えるものではありません。ともにあり、ともに高め合うものなのです。

本書が皆さんのRPAに対する理解を深め、楽しい世界へ足を踏み出すきっかけになることを祈ります。

# “楽しい”時代へ！

現在、デジタルレイバーとの協働により仕事と生活を楽しくする事例が、続々誕生しています。この流れは今後、地域社会へと着実に広がっていきます。

キーワード

## ワーク・ライフ・インテグレーション 実質賃上げ 物心両面の豊かさ

働く人の事情に合わせて、時短やテレワークなど、働き方が選べる。子育て中やダブルワーク、セカンドキャリアなど、立場や目的、理想はそれぞれでも、きちんと働ける場を確保できて、なおかつ生活と両立できる。

**生活が**

キーワード

## アイデア× デジタルレイバー 改善・新商品・サービス

ロボットによる働き方改革で、売上3倍、残業ゼロ、ボーナスアップなどが実現。AIとの連携や特定業界向けのシェアードサービス、人材＋ロボットのハイブリッド派遣など、さまざまなサービス展開もはじまっている。

**社会が**

キーワード

## 女性の復職支援 地方創生の救世主

“RPA 女子プロジェクト”により女性の復職が可能になり、その活躍が社会現象に。また、地方の労働人口減少問題を解決し、地域を支える企業の生産性向上、地域間のイノベーションの連鎖などの成功例も続々（P124 参照）。

**仕事が**

▼ ▼ ▼

**楽しい!!**

4-3

# RPA導入による豊かな生活の実現

いつかすべてがロボットにとって代わられるかもしれないという危惧を抱く人もいます。ロボットと人類の共存はあり得るのでしょうか。

## RPAは万能であるという幻想

最先端のロボット、というと、人と同等かあるいは人にはできないことも高次元でやってのけるというイメージがあると思います。しかし、RPAは、決してそのような、人知を超えた存在ではありません。反復作業や単純作業を得意とし、業務全体から見ると土台に近い部分の工程を担当します。一方、複雑な処理や判断をともなう業務はできません。

いわば限定された労働力ではありますが、RPA導入によって幸せな働き方を実現した企業の例はたくさんあります。「楽しい（創造的な）仕事」「時短かつ収入増」「プライベートの充実」の3つを実現しているのです。

## それぞれが得意なことを棲み分ける未来像

会社にも、例えば、判断が必要な仕事をする人と単純作業をきっちりこなす人がいるはずです。そこにRPAを加えて考えてみましょう。RPAと人間が得意な仕事を分担することで、はじめて会社が成り立ちます。これが人類とRPAの未来像なのです。

RPA導入の最終目標は、総合的な意味での「豊かな生活」ですから、受け入れる人間側も、自分にとって「幸福」「豊か」とは何なのか、考えておく必要があります。いずれオフィスにRPAやAIが導入されるとき、自分の生活や仕事、そして将来をどう構築していくかも、同様です。新しい働き方の波は、すぐそこまで来ています。

## RPAは仕事と生活の両方を楽しくするツール

### デジタルレイバーと従業員の労働力の融合

| デジタルレイバー | | 社員 |
|---|---|---|
| 約100体 | 全体数 | 約800名 |
| 16 | 配属部門数 | 36 |
| 約2940 | 総労働時間／月 | 約11万 |
| 取得なし | 休暇取得 | 推進中 |
| なし | 人事異動 | 3～5年に1度 |
| 約2～4週間 | 業務習得時間 | 約3か月 |
| なし | 残業 | ノー残業推進中 |

BizRobo! ユーザー企業の事例より

## RPAによって幸せを実現した企業の例

### 時短勤務の実現

RPAが仕事の下準備を行ってくれるので、フルタイム勤務以上に密度の濃い時短勤務が実現できた

### 女性に優しい職場の実現

産休明けの社員もRPAの手助けで時短勤務が可能に。職場復帰する子育て中の女性が増えた

### 生産性向上

ある職場では生産性が1.5倍に向上。RPA＋人のオフィス革命で、週休3日を目指す

### 仕事と家庭の充実

「子育てをしながら」「介護をしながら」リモートワークで仕事も家庭もおろそかにしないライフスタイルを手に入れた

「楽しい仕事」「収入アップ」「家庭の充実」すべてを実現するために、RPA とともに働く職場を選択する企業が増えている！

4-4

# 復職難時代の救世主 RPA女子プロジェクト

RPA女子とは、RPAの製作や運用、保守などを行う女性のこと。現在注目を集めているRPA女子は、今の時代に非常にマッチした働き方の１つなのです。

## 人不足なのに女性が就職できない不条理

労働力不足が問題となる昨今、各企業は採用活動にあの手この手の工夫を凝らしています。一方で、再就職を希望する女性たちは、大卒就活生とほぼ同数存在しているといわれています。

彼女たちの就職は簡単ではありません。育児と両立させながら、理想の就職を実現するのは至難のワザです。そのうえキャリアアップなどの自己実現を果たすことなど、二の次三の次になってしまいます。結果、再就職女性の多くは、非正規雇用かつ低賃金で働いている現実があります。

## ＲＰＡとマッチしやすい女性のキャリア形成

そこでＲＰＡです。製作や保守運用は、専門ＳＥを常駐させるほどの作業量はなく、リモートワークでフォローすることができます。そのニーズは、家庭との両立を求める女性に実にマッチした働き方なのです。

某報道番組でＲＰＡ女子の取り組みが放送されると、ＲＰＡのｅ※ラーニングを手がける株式会社ＭＡＩＡ（Ｐ78参照）には５０００人の申し込みがありました。それだけ女性たちの理想に近かったのだ、といえます。

望むと望まざるとにかかわらず、女性の環境は男性のそれよりも変わりやすいもの。それはもう仕方がありません。抵抗するのではなく、その変化を受け入れて、より自分らしく生きることを、ＲＰＡがお手伝いします。

# RPA女子とは

RPAを製作・運用・保守する女性たちのこと

企業の社員はもちろん、在宅ワークやダブルワークなど、さまざまな働き方で女性が活躍中

バックオフィスの経験がRPA製作に生かせる

論理的思考が大切！

## ●再就職を希望する女性たちの現状と課題

子育てと両立できる働き方が実現しにくい。これまでのキャリアを生かすことができる仕事に就業しにくい。

社会人経験ゼロの大学生、大学院生たち。日本のビジネス界のこれからを担う存在として、期待がかけられている。

再就職を希望する女性と就職を希望する学生は、実はほぼ同数存在します。しかし、再就職を希望している女性たちは、諸般の事情で、自分自身が希望するキャリア形成や給与とは程遠い働き方をせざるを得ないケースが増えています。RPA女子は、再就職という目的をもつこういった女性たちにとって、救世主となる可能性があるのです。

# RPA女子座談会

プロジェクトの仕掛け人である月田社長の司会のもと、RPA女子３名にRPA女子をテーマにお話ししてもらいました。

## これからの時代、定年とか何とかいっていないで、ずっと働き続けるべきだと思います——まさき

### RPA女子という第二の仕事人生

**つきた**　まさきさんは、堅いお仕事とのダブルワークですよね。

**まさき**　堅いというのでしょうか、税理士事務所に勤めています。ですから私にとっては、ＲＰＡ女子は副業です。

**つきた**　なぜ、副業を？

**まさき**　これからの時代、定年退職後もずっと働きたいし、働くべきだと思っています。ところが今の業界だと、セカンドキャリアは企業の顧問などが多く、男性中心。ＩＴ業界に憧れをもっていたこともあり、思い切ってデビューしたんです。

**つきた**　ＩＴ業界といえば、まえださんの前職はＳＥですよね？

**まえだ**　はい、仕事が忙しすぎて体調を崩してしまって。それで、ちょうど夫が海外転勤になったことをきっかけに辞めたのですが、やはり再び働きたくなりました。でも、子どもが保育園に入れなくて、ＳＥとしての復職は難しかった。そんなときにＲＰＡ女子のことを知ったんです。

**くろす**　私も体調を崩したクチです。でも、「一生働きたい」とい

月田有香さん

RPA女子プロジェクトの仕掛け人である株式会社MAIAのCEO。たくさんのロボットとRPA女子たちのお姉さん的存在。

まさきさん

まえださん

くろすさん

う気持ちは強くて……。そんなときに、RPA女子という働き方に出会えたのは、とても幸運でした。

**まさき**　RPAではバックオフィス業務をロボット化の対象とすることが多いので、事務経験のある女性のほうが話も早いでしょうね。決裁や判断を下すのは男性でも、細かい処理や現場を知っているのは女性だけ、という会社がほとんどですし。

**くろす**　事務経験者の場合、お客様からご相談を受けたときに「そのシステム、私も使っていました！」ということがよくあります。これは本当に、現場を知っている女性ならではの強みですよね。とくに中小企業の場合、RPA製作や保守は、週に数時間程度で事足りるケースも多く、緊急性もそれほど高くありません。育児や家庭との両立を図りつつ、好きな時間に可能な範囲で働きたい女性のニーズとぴったりなんです。

## ITリテラシーよりも人間力と思考力が必要

**つきた**　くろすさんは、PCが苦手だったと伺っていますが。

**くろす**　はい（苦笑）。実は、RPAの仕事をはじめて、「やらなきゃダメ！」って追い込まれてから覚えたんです。

**まさき**　私もせいぜいExcelやWordが使えるくらいです。

**まえだ**　そういう意味では、私はもとSEなので、ITリテラシーがアドバンテージになっているところはあるかもしれません。でも、もとSEであることと同じくらい、母親であること、女性であること、夫が転勤族であること……これらの経験が本当に役に立っているんで

**女子だけのネットワーク、女子会もあります。株式会社ＭＡＩＡは、女性であることを強みに、そして大切にしているからです——くろす**

す。こういった経験は人間力を鍛えてくれますし、ＲＰＡ女子の仕事には人間力も必要だからです。

**くろす**　ＰＣやＩＴに関しては、ＲＰＡ女子を目指しながら身につければ十分でしょう。けれど、考えることが苦手な方は向いていないかも。ＲＰＡに携わるうえで、論理的思考が必要だからです。お客様の要望をＲＰＡで実現する道筋につなぐ方法を考えるスキルが必要ですから。

## 変化に強い女性には うってつけの働き方

**つきた**　ほかに、ＲＰＡ女子に向いていない人ってどんなタイプだと思いますか？

**まえだ**　正解を求める人、かな。ＲＰＡって正解がなくて、現場や環境でコミュニケーションしつつ最善を求めて進化させていくものですから。1から10まで教えてもらわないと不安になる人も、ちょっと、厳しいかな、と思います。働き方を自分でコントロールする必要があるため、時間や納期を自己管理できない人も、あんまり向いていないかもしれませんね。何だか、厳しいことばかりいってしまうけれど（笑）。

**つきた**　私が見たところ、好奇心が強い人が多いと感じます。

**まさき**　自立志向の強い方が多いからだと思います。これだけ変化の激しい社会にあって、自身のキャリア育成に興味があるというところでしょうか。

**まえだ**　結婚、育児、子離れというライフステージの変化に対応できる働き方を求める意識は、男性よりも女性のほうが高いですから。

**くろす**　私は独身ですが、お母さんになっても社会とつながりたい。ＲＰＡ女子であれば、地方でも海外でも、一生働き続けることができる！　という自信をつかむことができました。

## 時代のニーズを確実に捉えて必要とされる私になる！

**まさき**　働き続けるためには、世のなかから求められるスキルを身につける必要がありますよね。ＲＰＡ女子プロジェクトを推進する株式会社ＭＡＩＡには、好きな時間に自分のペースで学ぶｅラーニングカリキュラムがあるので、とても安心です。自分の好きなときに好きなだけ、都合に合わせて学習ができるのですから。ＲＰＡ女子同士がＳＮＳでつながり、わからないことや悩みなどを相談できるコミュニティがあるのも心強いです。

**つきた**　自分で将来を切り拓いていく意志のある方、自らキャリアアップを望み努力する意志のある方の後押しを、今後もＭＡＩＡはしていきたいと考えています。そのために、ＲＰＡ女子という、自由でスキルフルな働き方が広げていく活動を、今後も拡大していきます。

4-5

# RPA進化モデル【Stage1】

RPAの進化度合いには、５つのステージがあり、現在３までが明確になっています。ステージが上がるほど最新デジタル技術との連携が深まります。

| 先進企業で実用化 ▼<br>Stage2<br>**Cognitive** | 一般的に普及 ▼<br>Stage1<br>**Basic** | |
|---|---|---|
| **RPA ＋認識技術**<br>紙や画像など、自然文やテンプレート化されていないデータ処理技術 | **RPA**<br>ルールエンジン<br>データベース | コア技術 |
| Cognitive＝認知。OCR などの認知認識技術を組み合わせることで、高度な処理を実現する | PC上のルール化された定型業務の自動化 | できること |
| **RPA ＋初歩的なAI**<br>機能を搭載することで、PC内に限定されない業務を遂行できる | PC上の<br>一部定型業務効率化 | 効果 |

## ステージ1のRPAは人の作業を真似て動く

RPAは、PC内にあるすべてのアプリケーションを操作することが可能です。逆に、PCの外に出たら何もできません。

人間がPC、あるいはサーバ上で行う作業を自動化したのがステージ1のRPAです。そのため、業務処理のルールをあらかじめ教育しておく必要があります。これをルールエンジン※といいます。

RPAは、ルールエンジンにないことはできません。できるのはあらかじめ指示されたことだけ。

ステージ1では、人間のように作業の目的を理解して指示の意図を推測し、足りない内容を補完して作業を遂行することは、RPAにはまだできないのです。

RPAは本来、自律化はできないロボットです。AIやIoTなどのデジタル技術と組み合わせることで可能性は広がりますが、そのためには自身のステージも進化させておく必要があります。

4-6

# RPA進化モデル【Stage2】

ステージ2では、RPAにできることが増えます。指示されたことだけではなく、指示を踏まえて自律的に動くことができるようになります。

## 認知、認識する新技術

コグニティブとは、「認知」や「認識」という意味で、ＡＩと並んで注目されているＩＴ技術の１つです。自然言語や音声、表情なども認識することを目指す技術を指します。

前ページにおいて、ステージ１のＲＰＡは、ＰＣ内から出ることができないと話しました。しかし、業務は、ＰＣだけで完結するわけではありません。とくに事務作業には、紙が必ずついて回ります。

ＦＡＸや申込書、手書き帳票、稟議書から始末書まで、仕事内容や業界によって、さまざまな紙の書類が行き交うのが日本企業です。だとすれば、ＲＰＡだって紙の書類を扱うことができなければなりません。

## 人の手となり眼となるロボット技術

そこで、コグニティブ技術を使って、紙文書を理解するのがステージ２のＲＰＡとなります。この段階でＲＰＡは、人の手と眼と脳が必要不可欠であった紙書類を扱う業務も自動化し、効率化することができるようになったのです。

▶ **DocumentRPA**
次世代のBizRobo!くん。PCネットワークから飛び出し、手書きの文字などが読めるようになる。

# 「認識」するロボット

ステージ２のRPAは、PCから飛び出して、帳票や手書き文書などの紙書類を読み取ることができます。紙書類はデータが構造化されていないため「非構造化データ」と呼ばれています。

## ステージ2のデジタルレイバーの例

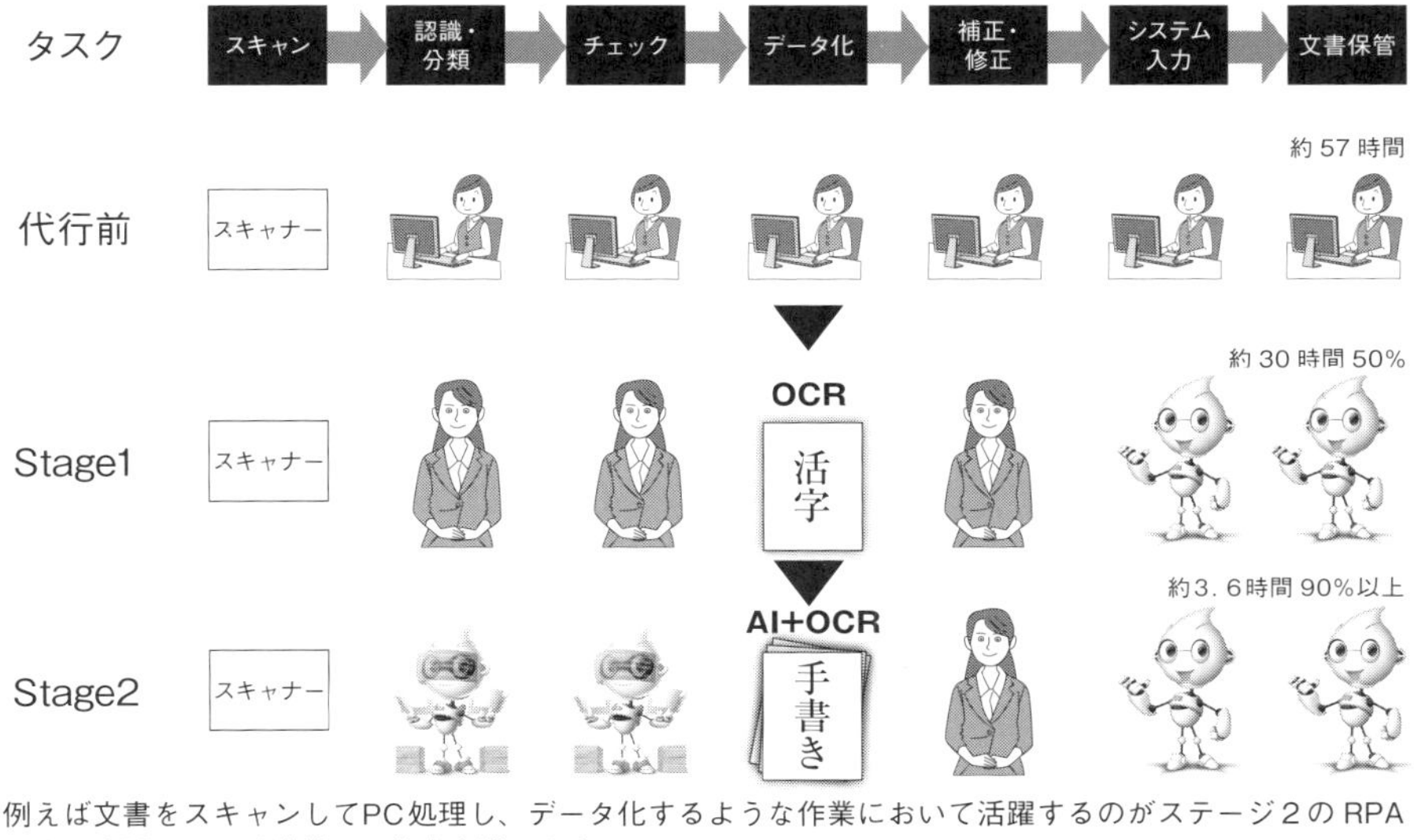


例えば文書をスキャンしてPC処理し、データ化するような作業において活躍するのがステージ２の RPAです。人間とうまく連携して仕事を進めます。

4-7

# RPA進化モデル【Stage3】

自分では判断することができなかったRPAですが、AIと連携することで、類推し、考え、判断することができるようになります。

## 人の代わりに判断する次世代ロボット

これまで「RPAは判断することが苦手である」「判断は人間が行うべき」とお話ししてきました。しかし、ステージ3のRPAでは、苦手なはずの「判断」や「理解」、もしくは「分析」をも、行うことができるようになります。

例えば販売の需要予測、機械の故障検知、融資業務の自動化といった、旧来では人が判断し、分析することでしか実行できないと考えられてきた業務を、RPA×AIの連携で自動化する事例が、次々と登場しています。

## RPA×AIが人と社会にもたらすもの

ステージ3のRPAは、人をはるかに上回る速さと正確さで判断を下すことができます。しかもソースのデータ量は天文学的です。

まだまだステージ3のRPAは発展途上であり、技術革新の道半ばにありますが、進化の流れは止められません。社会と人の生活を豊かにし、より安全で健康的な社会の実現に向けて、さまざまな可能性を見せてくれるでしょう。

**▶ RoboForce**
さらに未来のBizRobo!くん。“予測”が可能になり、売り逃しを防ぐなど、実績や売上に直結します。

# 故障検知ロボットとは

現在、IoTやAIが活躍する代表例に、故障検知や予測があります。RPAは、IoT機器をはじめ、さまざまなデータやITを使う人間の作業を代行することで、あらゆる最新技術と連携していきます。

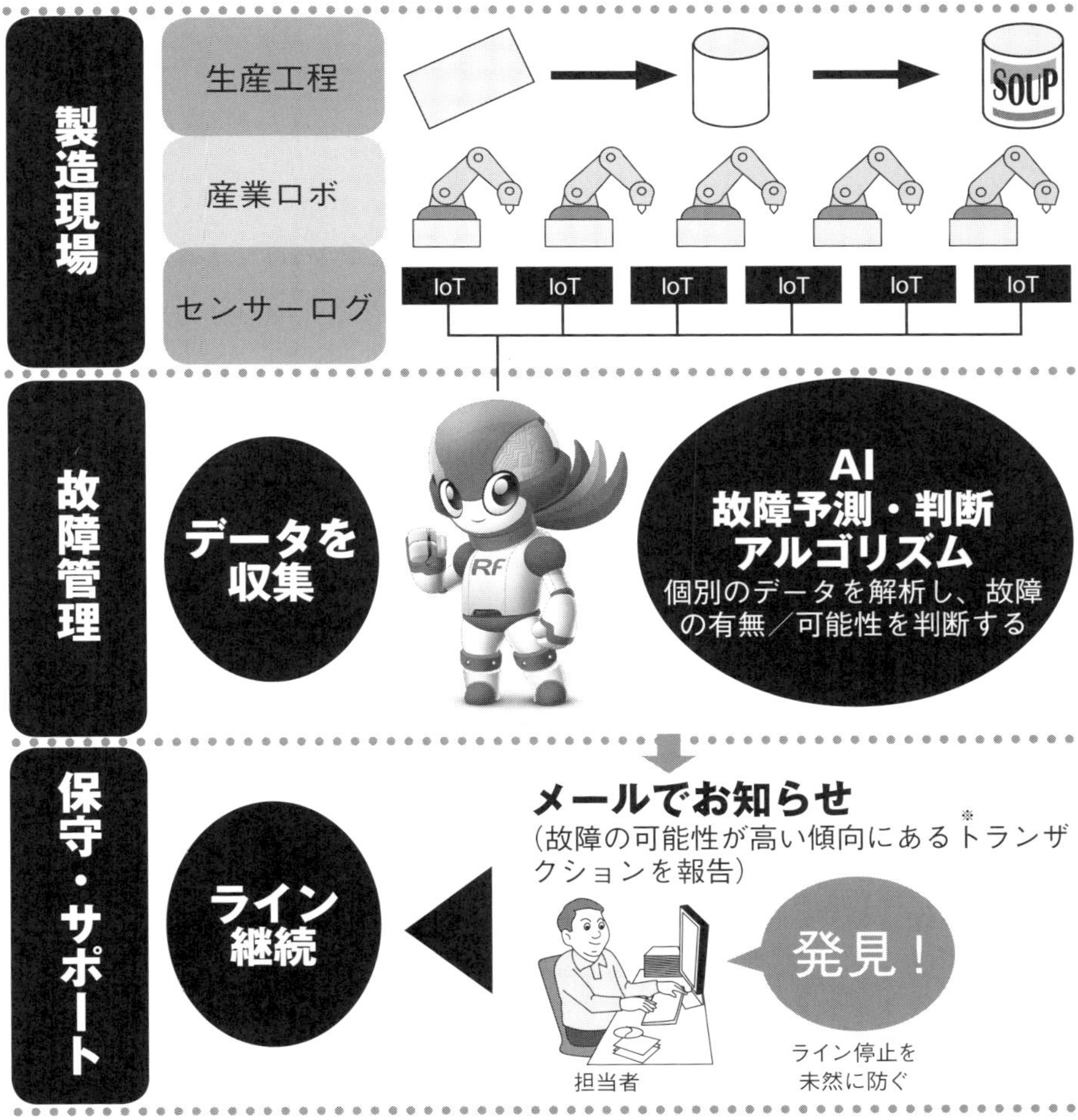


## 産業用ロボットの故障検知

自動車メーカーでは、例えば複数の工場における稼働状況と故障検知を集中管理するしくみを、AIとRPAを活用して構築することができます。ロボットの部品故障原因の予測を管理者に自動でアラートしてくれるのです。これにより、リアルタイムで品質をモニタリングすることができるようになります。

4-8

# 生まれつつある新しい雇用スタイル

RPAは、人口減と若手の流出に悩む地方経済の救い手の１つになり得ます。実際に地産地消型のビジネスモデルに取り組んでいる例を紹介します。

## 立地のハンデ解消！ 現代版"出稼ぎ"

デジタルレイバーはネットワークを介して、日本のみならず世界中に派遣することが可能です。つまり、デジタルレイバーを利用したビジネスモデルは、立地上のハンデを負う地方企業の可能性の星になり得ます。

また、労働力不足が問題になる一方で、働きたくても働けない人も数多くいます。しかし、通勤可能範囲に希望の職が見つからない人でも、在宅勤務も可能なデジタルレイバービジネスであれば、働くことができるかもしれません。

デジタルレイバーは、人が足りないところに仕事をつくり出すことができるため、地方の雇用創出にも貢献できるのです。

## RPAを用いた地産地消型ビジネスモデル

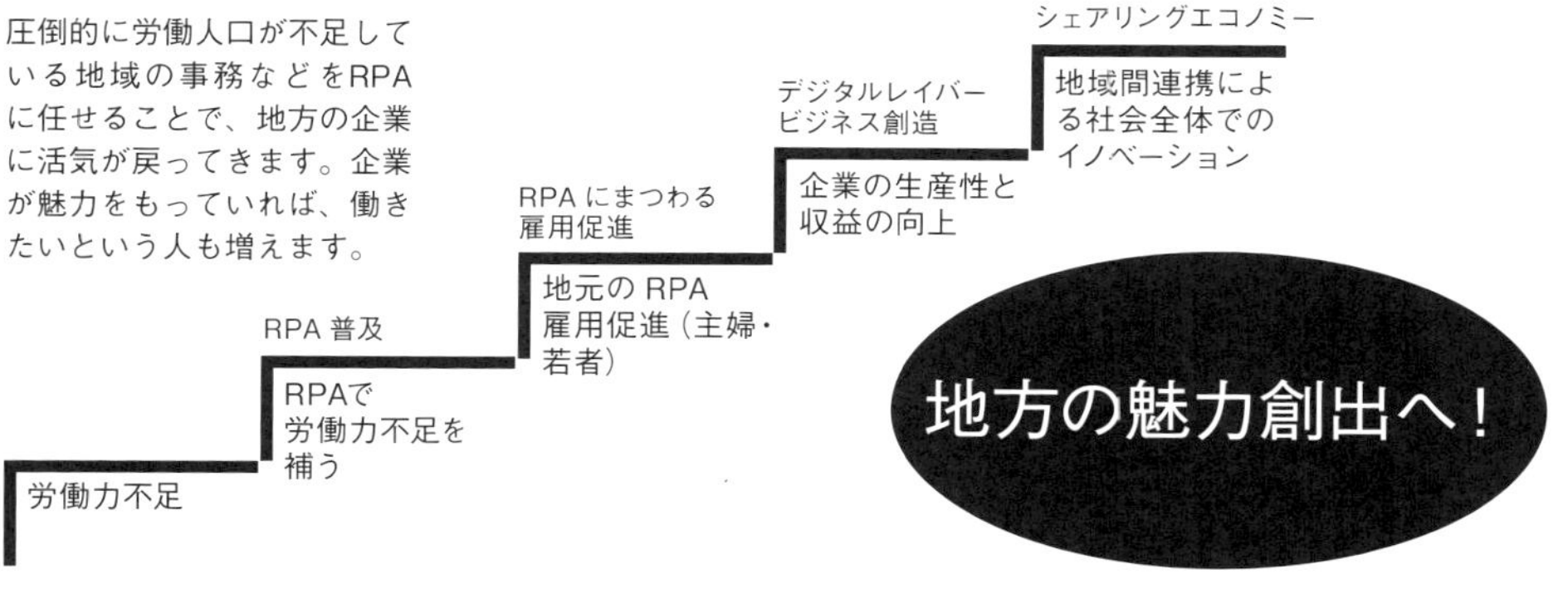

圧倒的に労働人口が不足している地域の事務などをRPAに任せることで、地方の企業に活気が戻ってきます。企業が魅力をもっていれば、働きたいという人も増えます。

# 地方都市の課題

## ●トリプル・インパクト

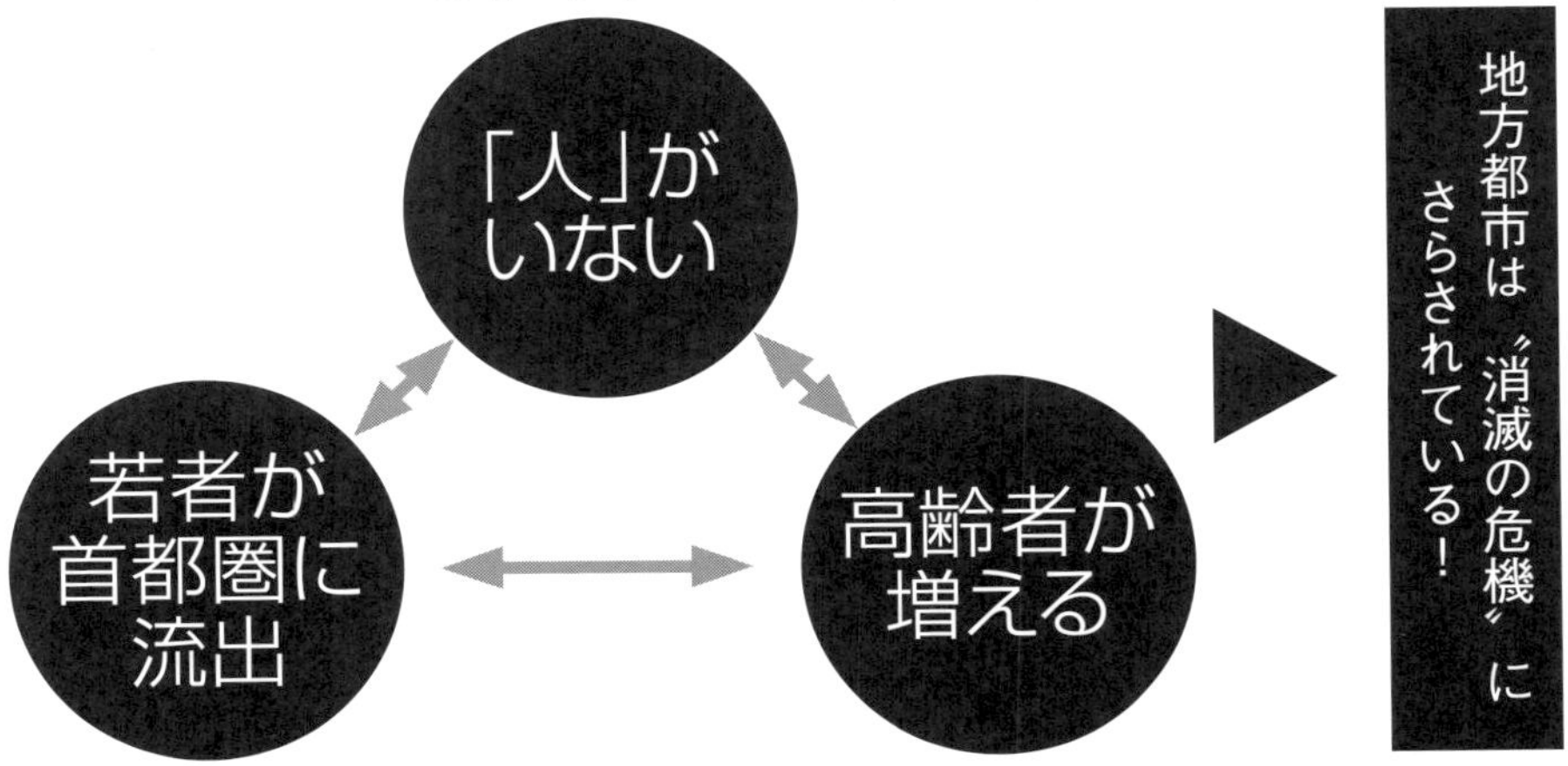


大都市圏の人口集中が進む日本社会において、地方経済を再興し、人を呼び戻すことが喫緊の課題である。

## ● RPAを活用した地域活性化モデル

人不足をRPAが補う

▼

RPAを活用した新ビジネスの創出

▼

大都市圏などを対象としたRPAビジネスの輸出

▼

魅力あふれる地産地消型ビジネスに人が集まりはじめる

RPAは地方都市と地方都市経済を救う
触媒となり得る！

column 4

## RPAによる地方創生の実例

株式会社エネルギア・コミュニケーションズは、地方創生を目指し、広島ロボットセンターを立ち上げました。

広島ロボットセンターで育てられたRPAたちは、現在、デジタルレイバーとして、全国の企業に次々と派遣されていっています。北海道や九州などでも、今や広島で育ったロボットが活躍する時代なのです。

また、この新しいRPAビジネスによって元気を取り戻した地方企業に、将来性を感じた若者たちがIターン（あるいはUターン）就職を希望するという「正の連鎖」も実現しはじめています。

# RPAによる地域活性化の取り組み

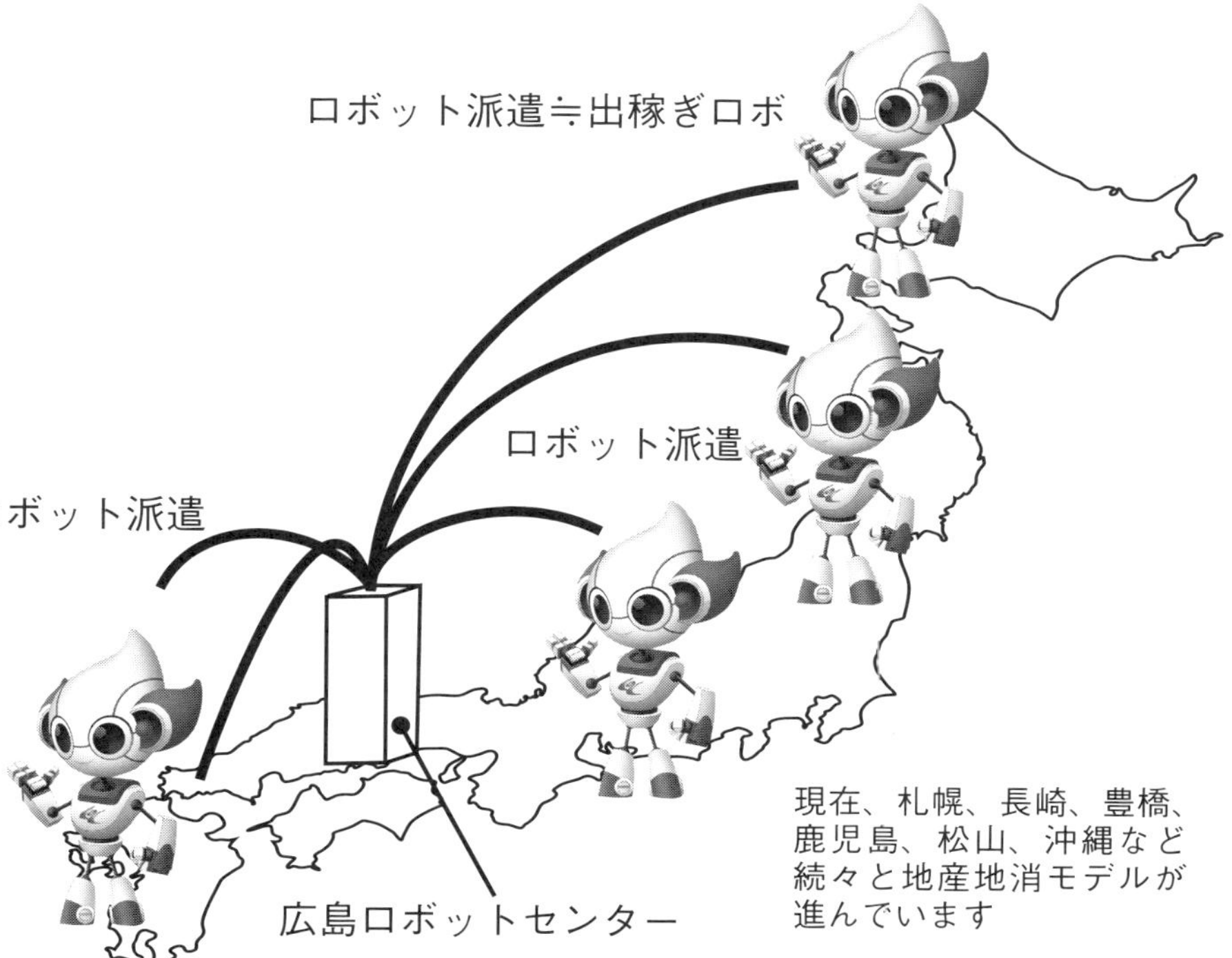


上図は広島ロボットセンターのケースです。中国地方の人材不足問題を解決し、ロボットを広島から派遣しています。RPAは地方ビジネスの救い手となる可能性をもっているのです。

# 用語集

**●構造化データ／非構造化データ**
項目ごとにわかりやすく整理された情報群のこと。ＲＰＡは、きちんと整理された構造化データを与えれば、１００％間違わない。対して非構造化データとは、手書きやイラスト、画像などのデータのこと。デジタル化されていない、という意味で使われることも多い。

**●コンプライアンス**
企業が遵守すべき法規や社会通念上のルールやマナーなどのこと。

**●スケール**
本来スケールとは大きさや広がりを表す言葉だが、本書では組織や企業の枠を超えて広がることを表す。

**●タスク**
行うべき業務上の手続きや処理のこと。また、本書ではとくに、仕事全体を構成する細かい仕事、あるいは手順１つひとつを指す。さらに、ＲＰＡによって作成された個別のプログラムのことも、タスクという。

**●デジタルレイバー**
仮想知的労働者と訳される。ホワイトカラーが担っていた事務作業を、自動で代行するコンピュータ・プログラムのこと。伝票の処理やメール対応などが可能。まさしくＲＰＡを指す。

**●テレワーク**
本来定められた事務所以外の自宅、出先などにおいて、オンラインで仕事環境を実現し、コミュニケーションを取りながら働く形態のこと。リモートワーク。

**●トランザクション**
もともとは商取引、売買の意味。単語そのものの意味としては、執行、取扱、議事録なども。ＰＣ用語としては、コンピュータで処理するひとまとまりの仕事のことをいう。データやレコードの更新などの、一連の処理のこと。

**●バズった、バズる**
ネット上で注目されている、という意味。批判や非難が殺到する場合は「炎上」といい、ニュアンスが違う。語源はＢｕｚｚ。マーケティング用語で、ハチがぶんぶん飛びまわるという本来の意味から、「耳障りなほどに話題になっている」という文脈で使用されるようになった。

**●バックオフィス業務**
経理や人事、事務など、間接部門が行う業務処理のこと。

**●バックオフィスオートメーション**
バックオフィス業務を自動化すること。現在、このバックオフィス業務はまだまだ人の手で行われているところも多いが、ＲＰＡに一新することが可能。

**●パラメーター**
プログラミング用語。ＰＣやアプリケーション上で、何か命令を下すときにその対象を限定するために追加される命令のこと。

**●ビッグデータ**
旧来は取り扱うことができなかった巨大なデータのこと。高解像度の写真や動画なども含まれる。かつてはＰＣの容量が小さく、扱えるデータ量に限りがあったが、容量が天文学的数字であるペタなどのレベルに達したことで、このような巨大なデータの処理が可能になった。AIやRPAはこのビッグデータの精度が高ければ高いほど、精密な仕事を瞬時にこなしてくれるようになる。

**●ブロックチェーン**
電子通貨取引などに利用される新しいデータベース技術のこと。

**●ホワイトカラー**
事務員や営業など、事務所を主たる活動場所（もしくは所属場所）にする労働者を指す。職人や肉体労働者などのブルーカラーと対比して使われる。

**●マクロ**
Microsoft Excelなどで用いられる自動処理プログラムのこと。なお正確には、手作業による操作を記録したものをマクロ、分岐や繰り返しなどの処理を加えプログラミングされたものをVBAと呼ぶが、同じ意味で使われることも多い。

**●リードタイム**
発注してから納品までにかかる時間のことをいう。所要時間の意味。あらゆる業界において、リードタイム短縮化は、ビジネスをスマート化させる最大の要因となり得る。QCDでは、本来D＝deliveryと納品にしぼって表現されることが多いが、本書ではあえてリードタイムとすることで、幅をもたせて表現している。

**●ルールエンジン**
処理するうえでのルールなど、「分岐処理」を行うための専用エンジンを指す。認知技術の1つで、RPAが作業を代行することができるのは、このルールエンジンがあるからであるといえる。

**●労働生産性**
労働の効果を図る定量的指標のこと。算出方法は商品やサービス、もしくは業種によってさまざまだが、例えば国ごとの労働生産性を比較する際は、GDPを就業者数（または就業者数×労働時間）で割った一人あたりのGDPを用いるのが一般的。

**●ワーク・ライフ・インテグレーション**
仕事と人生、生活（つまりプライベート）を分けるのではなく、統合して捉える考え方。かつてのワーク・ライフ・バランスは、仕事と生活を分けて考えて、バランスを取ることを目的とした。しかし、インテグレーションでは、あえて分けて考えずに、両方の質を上げていくことを目的とする。

**●AI**
人工知能のこと。旧来のコンピュータではできなかった、自ら考えたり判断したりする高度な処理能力をもつコンピュータやシステム、またはその一部のこと。身近な例では、電子メールの迷惑メール振り分け機能などがそれ。また、音声をデジタルに変えたり翻訳したりといった言語系がとくに発達分野である。

**●BPO**
business process outsourcingの略。人事や総務、経理といった業務全体を外部委託すること。

**●eラーニング**
そもそもラーニングとは、Learningであり、学習することを指す。転じて、講座のこと。eラーニングとは、PCやスマートフォンなどの端末を用いて、インターネットを介して受講する通信教育のこと。

**●EDI**

electronic data interchange。複数の企業どうしで取引に関する情報を、電子データで交換し合うこと。

**●FA**

factory automationの略。製造現場において産業用ロボットなどを用いて製造工程を自動化すること。

**●GDP**

国内総生産。国家が、ある期間において生み出した経済的付加価値のこと。

**●IoT**

Internet of Thingsの略であり、「モノのインターネット」といわれる。さまざまな機械や機器をインターネットに接続することそのものはもちろん、そのことによって発生する新たなサービスを包括した概念も指す。

**●ITリテラシー**

ITを利用するうえで求められる、基礎的な知識や倫理観、もしくは心構えなどのこと。

**●KPI**

key performance indicatorの略。目標を達成するための指標のうち、とくに重要かつ効果的な指標のこと。

**●QCD**

生産管理において重要な3つの要素、品質（quality）、原価（cost）、業務時間（delivery）の頭文字を取ったもの。品質を上げればコストが上がり、納期を短くすると品質が下がるといった、一長一短の関係性をもち、その適切なバランスを実現することが困難かつ重要である。

**●RPAソリューションベンダー**

RPAのプログラムを製造し、販売するソフトメーカーやシステム開発会社、もしくは代理店のこと。

**●VBA**

visual basic for applicationsの略。厳密にいえばExcelのマクロのプログラミング言語だが、マクロと同じ意味で使われることも多い。

【著者】大角暢之（おおすみのぶゆき）

一般社団法人日本RPA協会　代表理事／RPAテクノロジーズ株式会社　代表取締役社長。早稲田大学卒業後、アンダーセンコンサルティング株式会社（現アクセンチュア株式会社）に入社。2000年、オープンアソシエイツ株式会社を設立し、取締役に就任。ビズロボ事業部を発足し、「BizRobo!」の提供を開始。2013年ビズロボジャパン株式会社（現RPAテクノロジーズ株式会社）を設立し、代表取締役社長に就任。2016年7月一般社団法人日本RPA協会を設立し、代表理事に就任。

装幀　石川直美（カメガイ・デザイン・オフィス）
装画　olga boat/Shutterstock.com
本文デザイン　studio t3（吉澤泰治）
本文イラスト　青木宣人
取材・文　坂田良平（Pavism）
編集協力　佐藤友美（有限会社ヴュー企画）
編集　鈴木恵美（株式会社幻冬舎）

# 知識ゼロからのRPA入門

2019年5月25日　第1刷発行

著　者　大角暢之
発行人　見城 徹
編集人　福島広司

発行所　株式会社　幻冬舎
〒151-0051　東京都渋谷区千駄ヶ谷4-9-7
電話　03-5411-6211（編集）　03-5411-6222（営業）
振替　00120-8-767643
印刷・製本所　株式会社 光邦

検印廃止


ISBN978-4-344-90338-8 C2095
Printed in Japan
幻冬舎ホームページアドレス　https://www.gentosha.co.jp/
この本に関するご意見・ご感想をメールでお寄せいただく場合は、comment@gentosha.co.jp まで。